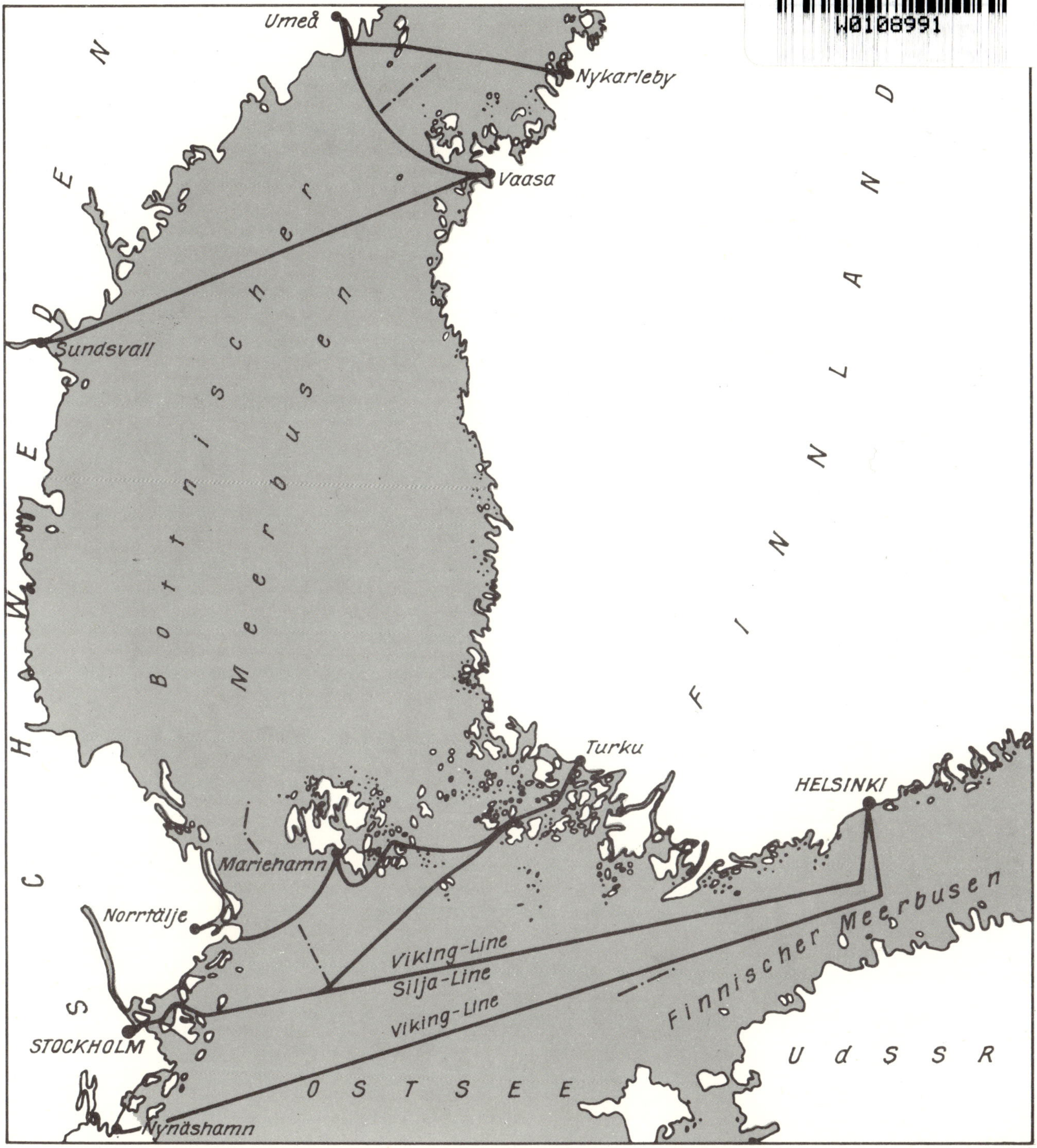
Umeå
Nykarleby
Vaasa
Sundsvall
Bottnischer Meerbusen
SCHWEDEN
FINNLAND
Turku
HELSINKI
Mariehamn
Norrtälje
Viking-Line
Silja-Line
Viking-Line
STOCKHOLM
Finnischer Meerbusen
UdSSR
OSTSEE
Nynäshamn

Fähren der Ostsee

Fähren der Ostsee

Autorenkollektiv unter Leitung von
Prof. Dr. Kurt Wegner, Prof. Dr. Joachim Lindow
Weitere Autoren:
Prof. Dr. Reinhard Rehberg, Prof. Dr. Richard Wundrak
Bearbeiter des Typenteils:
Dipl.-Ing. Horst-Dieter Foerster
Frontispiz: Die STENA DANICA
Quelle: Sammlung Foerster

Fähren der Ostsee /
[Autorenkoll. unter Ltg. von Kurt Wegner . . .] – 1. Aufl.
Berlin: Transpress, 1991. –
144 S.: ca. 150 Abb., 1 Frontispiz
(Bibliothek der Schiffstypen)
NE: Wegner, Kurt [Mitarb.]

ISBN 3-344-70719-1

1. Auflage
(c) 1991 by transpress
Verlagsgesellschaft mbH
Französische Str. 13/14
O - 1086 Berlin
Printed in Germany
Gesamtherstellung: IV/10/5 Mitteldeutsches Druckhaus Halle
Verlagslektor: Ulrich Leopoldi
Typografie und Gestaltung: Günter Nitzsche/Regine Bach

Inhaltsverzeichnis

Quelle: Sammlung Foerster

Vorwort

Die um die Jahrhundertwende verstärkt einsetzende Konzentration und Zentralisation der Produktivkräfte und die damit verbundene enorme wirtschaftliche Entwicklung in Europa stellte an den Transport wachsende Anforderungen nach schnellen, leistungsfähigen, sicheren, aber auch relativ billigen Beförderungsmöglichkeiten. Davon war auch der internationale Verkehr über »nasse« Grenzen nicht ausgenommen. Diesem Anspruch konnte mit der Technologie des Beibehaltens des Transportgefäßes, wie sie im Binnenverkehr der Ostseeanliegerstaaten zum Trajektieren von Eisenbahnwagen bereits praktiziert wurde, am ehesten entsprochen werden. Leistungsstarke Schiffe und schnelle, an die Küste herangeführte Eisenbahnverbindungen verlangten geradezu, diese Technologie auch für die Überquerung der Ostsee zu übernehmen. Mit dem Bau der landseitigen Anlagen für die Trajektierung von Güterwagen wurden die erforderlichen Voraussetzungen des nicht mehr wegzudenkenden Fährverkehrs über die Ostsee geschaffen. Diese Transporttechnologie entwickelte sich bis heute kontinuierlich, und die Zunahme der Fährkapazitäten übertraf, insbesondere in der jüngeren Zeit, bei weitem die allgemeine Entwicklung der Schiffahrt. Besonders die Eisenbahnfähren waren wesentliche Voraussetzungen für die Ausweitung des internationalen Verkehrsnetzes auf der Nord-Südrichtung in Europa.

Solche Fährverbindungen, wie die von Travemünde nach Hanko, die mit 1018 km und einer Fahrzeit von 32 Stunden die längste Fährverbindung auf der Ostsee ist, aber auch die kürzeste von Helsingborg nach Helsingør über den Öresund (5 km, 20 Minuten Fahrzeit), erfreuen sich großer Beliebtheit nicht nur bei den Fahrgästen, sondern auch bei den Verkehrsexperten.

Die zum Einsatz kommenden Schiffe mit ihrer modernen Technik, aber auch ihren Besonderheiten, üben immer wieder eine besondere Faszination aus. Die Palette der Fährschiffe hat sich gerade in den letzten Jahren mit der zunehmenden Inbetriebnahme von Güterfähren für Lastkraftwagen, Sattelschlepper und Trailer, kombinierten Eisenbahngüter- und Lkw-Fähren, vor allem aber den mit großem Luxus ausgestatteten kombinierten Passagier- und Autofährschiffen erheblich erweitert. Nicht weniger interessant sind die zur Anwendung kommenden Technologien und die dafür erforderlichen landseitigen Anlagen.

Dieses Buch gibt einen Überblick über die historische Entwicklung des Fährverkehrs auf der Ostsee von den Anfängen in Dänemark bis zu den heutigen modernen Jumbo-Fähren. Es werden internationale Eisenbahnfährverbindungen vorgestellt und die sich abzeichnenden Trendentwicklungen aufgezeigt. Der Typenteil erfaßt die auf diesen Fährrouten zum Einsatz gekommenen und im Betrieb befindlichen Fährschiffe mit ihren technischen Daten und vielfältigen Besonderheiten.

Stellvertretend für die uneigennützige Unterstützung seien besonders die Schwedischen Staatsbahnen, die Zentrale Bildstelle der Deutschen Reichsbahn, die Bildstelle der Ernst-Moritz-Arndt-Universität Greifswald, das Archiv der Reichsbahndirektion Schwerin, das Fährschiffamt Saßnitz, das Museum der Stadt Stralsund, die Moss Rosenberg Verft in Norwegen, die Schichau Seebeckwerft Bremerhaven, die Meyer Werft Papenburg, die HDW Nobiskrug Rendsburg und die Howaldtswerke-Deutsche Werft AG Kiel genannt. Bedanken möchten wir uns auch bei dem Gutachter Herrn Dipl.-Ing. Foerster für die zahlreichen Hinweise und Herrn Dipl.-Ing. Frank-Michael Wegner für die umfangreiche Zuarbeit sowie bei Frau Dr. Henke, Frau Dr. Rehberg, Herrn Dr. Philipp und Herrn Dr. Stepanek für die Beratung zu speziellen Details.

Die Autoren

Die Ahnen – Vorläufer des modernen Fährverkehrs

Flußfähren und Postsegler

Die Geschichte des Fährverkehrs dürfte ebenso alt sein wie die Geschichte der Schiffahrt überhaupt, denn mit der Notwendigkeit und gleichzeitigen technischen Möglichkeit, Wasserhindernisse zu überwinden, entstand der Fährverkehr. Es ist auch nicht abwegig, anzunehmen, daß unsere Vorfahren eher in der Lage waren, über einen Fluß oder von Inseln an Land überzusetzen, als über Seen und Meere zu rudern oder zu segeln. Dieses »Übersetzen« verdeutlicht uns ein wesentliches Merkmal des Fährverkehrs und grenzt ihn und auch seine Transportmittel zur konventionellen Schiffahrt ab.

Der Fluß, die Meerenge, der Fjord wurden als Hindernisse betrachtet, die man möglichst schnell und sicher überqueren wollte. Sie waren nicht der Verkehrsweg selbst, sondern dessen Unterbrechung. Die Fähre, als erforderliches Bindeglied zwischen zwei Landstrichen, entstand als ein Transportmittel im Dienste des Landverkehrs. Das setzte einen festen Standort voraus und eine ständige Verfügbarkeit – jedoch auch einen kontinuierlichen Bedarf. Die Entwicklung des Landverkehrs ging historisch der Entwicklung des Fährverkehrs voraus.

Über den Fehmarnsund gab es beispielsweise bereits im beginnenden 13. Jahrhundert eine Fährverbindung, die die Insel Fehmarn mit dem Festland verband. Seit 1576 verkehrten regelmäßig auch Fähren von Fehmarn hinüber zur dänischen Insel Lolland. Etwa zur selben Zeit konnte sich der Reisende von Stralsund nach Rügen, von Rügen nach Hiddensee, zwischen Falster und Sjaelland, von Schweden nach Öland, Gotland oder auch Dänemark übersetzen lassen.

Mit dem steigenden Transportbedarf über Flüsse, Fjorde oder Meerengen hinweg erwuchs der Wunsch nach besseren technologischen Lösungen: die Brücke als Konkurrenz zur Fähre entstand. Sie war im Vergleich zum Fährbetrieb mit allen nur denkbaren Vorteilen ausgestattet: schnell, sicher und bequem, von fast unbegrenzter Kapazität und weitgehend witterungsunabhängig. Überall dort, wo die technischen Möglichkeiten es zuließen und das Verhältnis von Aufwand und Nutzen es rechtfertigte, wurden Fähren durch Brücken ersetzt. Jahrtausende mußten vergehen, ehe Produktivkraftentwicklung und veränderte Energiekosten den Fährverkehr zu einer Alternative des Landtransports werden ließen und ihm damit neue Dimensionen erschlossen.

Schon ein flüchtiger Blick in die Verkehrsgeschichte zeigt, daß sich die Ablösung der Fähre durch die Brücke parallel zu den wachsenden Möglichkeiten der Brückenbautechnik vollzog. Die Fähren blieben jedoch lange Zeit an exponierten Verkehrsadern im Einsatz und schrieben damit einen wichtigen Abschnitt ihrer Geschichte mit. Dazu gibt es genügend Beispiele an fast allen wichtigen Verkehrsknotenpunkten, es seien hier nur Petersburg, Budapest, Berlin, Stockholm und Marseille, Wolga, Njemen, Rhein und Themse, Bosporus, Strelasund, Balaton und Bodensee genannt.

In Deutschland, wie in den meisten europäischen Ländern auch, wurde das Recht, eine Fährverbindung zu errichten, zu betreiben und für ihre Benutzung Gebühr zu erheben, mit der Verleihung einer sogenannten »Fährgerechtigkeit« vollzogen. Auch die bürgerliche Gewerbeordnung vom 21. Juni 1869 schloß die Fähren und den Fährbetrieb aus der »Gewerbefreiheit« aus, und mit der weiteren Transportgesetzgebung wurden ihre Betreiber der Beförderungspflicht unterworfen.

Flußfähren – schwimmende Brücken – sind die Ahnen unserer modernen Trajekte, aber auch die Seeschiffe, die regelmäßig verkehrten, d. h., die die ersten ständigen, planmäßig organisierten Liniendienste verwirklichten. Oft stand der Postverkehr als fordernder und fördernder Pate an der Wiege dieser frühen und ständigen Verbindungen.

Die Geschichte der Ostseeschiffahrt zwischen Schweden und Deutschland kann als beispielhaft für diese Entwicklungslinie des Fährverkehrs über See gelten. Seit den 80er Jahren des 17. Jahrhunderts verkehrten zwischen Stralsund und Ystad regelmäßig Postsegler, die eine ständige Verbindung zwischen den beiden schwedischen Städten sicherten. Doch der Verkehr mit den wind- und wetterabhängigen Segelschiffen wurde immer wieder gestört und erheblich verzögert. Trotzdem werden die schnellen und bequemen Postsegler von vielen Kennern als Höhepunkt des Segelschiffbaus für Passagierbeförderung angesehen.

Unter einer Fähre wird ein Schiff oder Schwimmkörper zum Übersetzen von Personen, Straßen- oder Schienenfahrzeugen über relativ kurze Wasserwege verstanden. Nach dem Verwendungszweck kann man Passagier-, Auto- und Eisenbahnfähren unterscheiden. Entsprechend ihres Einsatzgebietes ist eine Untergliederung in Hochsee- und Fluß- bzw. Binnenfähren möglich. Angetrieben werden die Fähren durch Motore mit Schiffsschraube oder mittels Ketten- und Seilbetrieb, womit sich eine weitere Differenzierung vornehmen läßt. Ein besonderes Merkmal der zwischen den Ufern und Fährbecken verkehrenden Schiffe ist ihre rollende Be- und Entladung, ihre stete »Linientreue« und ein exakt abgestimmter Fahrplan.

Im vorliegenden Buch werden die seetüchtigen Fähren für das Fahrtgebiet der Ostsee vorgestellt.

König Dampf beginnt sein Regiment

Der Wendepunkt vom Fähr- und Liniendienst des vorindustriellen Zeitalters zur modernen Trajektschiffahrt wurde, wie die Umwälzung der Produktivkräfte überhaupt, durch die Dampfmaschine vorangetrieben und zu einem vorläufigen Höhepunkt geführt. Zuerst verlief die Entwicklung von Eisenbahn und Fährschiff getrennt und unabhängig voneinander, um sich im dampfgetriebenen Eisenbahnfährdienst zu vereinigen.

Die erste Dampffähre der Welt konstruierte und baute John Fitch bereits 1790 für den Einsatz auf dem Delaware in den gerade erst gegründeten Vereinigten Staaten von Nordamerika. Aber noch war die Zeit für die neue Technik nicht reif, der schnelle Transport offenbar noch kein unverzichtbarer Teil erfolgreicher Konkurrenz. Die Pionierleistung machte sich nicht bezahlt, Fitch ging in Konkurs.

Die neue, umwälzende, moderne, stärkere Antriebskraft, die Dampfmaschine, schuf die technischen Voraussetzungen für den Eisenbahnfährdienst. Dabei war es die Eisenbahn, die den Bedarf für die weitere Entwicklung des Fährverkehrs hervorrief. Neue, größere Wasserhindernisse galt es zu überwinden; wieder wurde die Alternative Brücke oder Fähre heiß diskutiert und immer sollte es schnell, billig und sicher geschehen.

Mit dem Sieg der Dampfmaschine über die herkömmlichen Antriebsarten kamen nun Rad- oder Schraubendampfer zum Einsatz oder die Fähren wurden an Ketten und Tauen mit Hilfe einer an Bord stationierten Dampfmaschine gezogen. Die flache Pontonform der bescheidenen Vorgänger, die prahmartige Bauart, blieb auch unter diesen veränderten Bedingungen ein charakteristisches Merkmal der Fähren. 1833 wurden in Schottland erstmals Eisenbahnwagen auf extrem flachen Schiffen über einen Kanal trajektiert, der den Firth of Forth mit dem Firth of Clyde verbindet. Damit begann die Geschichte der Eisenbahnfähren, die seitdem ein fester Teil der Verkehrsentwicklung geblieben ist. In Deutschland wurde 1849 zuerst die Homburg-Ruhrorter-Rheintrajektanstalt errichtet, dann querte die Eisenbahnstrecke von Lüneburg nach Lauenburg mit Hilfe einer Dampffähre die Elbe. Die Württembergische Staatseisenbahn und die schweizerische Nordostbahn betrieben gemeinsam eine Fährlinie über den Bodensee. Alle diese Trajekte – die Bezeichnung ist vom lateinischen Wort traicio (hinüberbringen) abgeleitet – ähnelten sich in ihren charakteristischen Merkmalen. Es waren große, besonders breite und auffallend niedrig gebaute Schiffe. Das Deck mußte besonders verstärkt sein, um die Eisenbahnwagen tragen zu können. Es war in Längsrichtung mit einem, manchmal auch mit zwei Gleisen belegt. Der meistens an einer Seite errichtete Schornstein verursachte das seltsam anmutende unsymmetrische Bild in Vorder- und Rückansicht.

Bereits 1875 verkehrten fast überall in der Welt Eisenbahndampffähren. Beispielsweise überquerte zwischen Kairo und Alexandria eine Bahnlinie den Nil, in Kanada ermöglichte ein Trajekt den Übergang über den Detroit. Neben freifahrenden Rad- oder Schraubendampfern wurden für Flußüberquerungen auch Kettenfähren eingesetzt. Eine der ersten Kettenfähren konstruierte Harwich für die Essen-Osterrather-Eisenbahn über den Rhein in Rheinhausen, nahe Duisburg. Sie wies so augenscheinliche Vorzüge auf und konnte mit so großer Sicherheit und niedrigen Kosten betrieben werden, daß sie wenige Jahre später, als in Stralsund ein Trajekt geplant wurde, als mögliches Modell ernsthaft in Betracht gezogen worden ist. Ihr Funktionsprinzip ist deshalb für den späteren Fährverkehr im Ostseeraum von ganz speziellem Interesse.

Grundsätzlich haben Seilfähren den konstruktiv bedingten Vorzug, daß sie sehr sicher und geradlinig geführt und exakt angelegt werden können. Die Rheinhausener Fähranlage war mit drei Seilen und einer zusätzlichen Kette ausgerüstet. Das Schiff wurde an einem 33 mm starken Seil gezogen. Parallel zu diesem, rechtwinklig zur Strömung also, garantierte ein 46 mm starkes Haltetau die exakte Fahrtrichtung, das selbst durch eine Kombination von Ankerseil und Kette sicher fixiert wurde. Auch bei starker Strömung konnte die Fähre so zwangsgeführt werden.

Damit entfiel eine besondere Ruderanlage. Der wichtigste Vorteil bestand aber darin, daß Dampfmaschine und Kessel, die in Längsrichtung auf dem Deck hintereinander angeordnet worden waren, nur sehr wenig Platz beanspruchten und somit sechs Eisenbahnwagen befördert werden konnten. Hinzu kam die sehr einfache Konstruktion des Seilantriebs, der sich technisch ohne großen Aufwand verwirklichen und darüber hinaus sehr kostengünstig betreiben und unterhalten ließ. Die Energie wird beim Seilzugbetrieb mit einem wesentlich höheren Nutzeffekt in Zugkraft und Geschwindigkeit umgesetzt, als es beim Antrieb über Schrauben oder Räder der Fall ist. In den frühen Jahren des Dampfbetriebs, wo die Leistungsfähigkeit der Maschinen noch begrenzt und in der Regel höhere Antriebskraft nur durch ihre Größe oder Zahl zu erreichen war, ein ganz wesentlicher Vorzug. Natürlich gab es auch erhebliche Einschränkungen für die Einsatzgebiete solcher Seilzugfähren, die wichtigste, sie waren auf eine Route festgelegt und damit völlig manövrierunfähig.

Bei fast allen Trajekten wurden die Eisenbahnwagen bald über schiefe Ebenen von Dampfmaschinen und mit Hilfe von Winden auf die Decks gezogen. Für Lokomotiven und Tender war in den ersten Jahren eine Trajektierung nicht vorgesehen.

Bei den ersten Flußfähren setzte man zur Beladung bereits hydraulische Hebewerke ein. Auch in diesem Fall trieben stationäre Dampfmaschinen die Pumpen an.

Die Erfindung der Dampfmaschine revolutionierte auch die Seeschiffahrt. Gerade auf jenen Linien, auf denen ein planmäßiger Postdienst durch regelmäßig verkehrende Schiffe bereits etabliert war, vollzog sich die Ablösung der Segelschiffe besonders rasch. Die Vorteile der von Wind und Wetter, Jahreszeit und Strömung weitgehend unabhängigen Dampfer, ihre höhere Geschwindigkeit, größere Bequemlichkeit und Sicherheit wurden mit wachsendem Transportbedarf immer deutlicher.

Bereits 1819 fuhr die mit Dampfmaschinen ausgerüstete SAVANNAH vom amerikanischen Hafen gleichen Namens über den Atlantik nach Liverpool und von dort weiter nach Stockholm und Kronstadt. Aber sie war noch mit einer vollständigen Segelausrüstung ausgestattet und nutzte den Dampfantrieb nur aushilfsweise, wenn der Wind zu schwach blies. Ein Jahr zuvor setzte Dänemark sein erstes dampfgetriebenes Schiff, die CALEDONIA, die in Schottland gebaut worden war, zwischen Kopenhagen und Kiel ein, um Post, Reisende und Güter von und nach Deutschland zu befördern. Sie wurde von zwei Kolbendampfmaschinen, die zusammen 28 PS (20,6 kW) leisteten, über Seitenräder angetrieben. In den folgenden zwei Jahrzehnten fuhren für die dänischen Reedereien weitere Dampfer im Ostseeraum: ab 1824 die PRINSESSE WILHELMINE (90 PS) nach Lübeck, Kiel, Travemünde; ab 1825 die DANIA im Inlandverkehr; ab 1828 die MERCURIUS auf der Postlinie Korsør–Nyborg und ab 1830 die FREDERIK DEN SJETTE (90 PS) auf der Linie Kopenhagen–Kiel.

Alle diese Schiffe waren als Raddampfer gebaut und konnten deshalb bei stürmischen Winden nicht eingesetzt werden. Auch schon bei leichtem Eisgang mußte man auf ihren Einsatz verzichten.

Am 1. März 1821 vereinbarten Schweden und Preu-

Die CALEDONIA, das erste dampfgetriebene Schiff Dänemarks.
Quelle: Sammlung Autoren

Der Postdampfer MERCURIUS.
Quelle: Sammlung Autoren

ßen, zwischen Ystad und Stralsund einen Postdampferdienst einzurichten. Am 1. Mai 1824 lief die schwedische CONSTITUTIONEN, das erste Dampfschiff auf der Ostsee, in Stralsund ein. Nachdem die deutsche Seite die ebenfalls dampfgetriebene ADLER in Dienst gestellt hatte, war der planmäßige Liniendienst Wirklichkeit geworden. Er fand bis 1841 zwischen Ystad und Greifswald-Wieck statt, denn erst nachdem das Fahrwasser ausgebaggert worden war, konnte wieder Stralsund angelaufen werden. Allerdings endete die Verbindung jeweils in der zweiten Oktoberhälfte und ruhte dann bis zum April. Unter Winterbedingungen war es den damaligen Schiffen nicht möglich, die Ostsee sicher zu überqueren. Auch bei gutem Wetter dauerte die Überfahrt fast 18 Stunden. Nicht ganz zu Unrecht betonten Kritiker der Dampfer immer wieder, daß die Postsegler meistens nicht langsamer, oft sogar schneller und billiger fuhren.

Im Frühjahr 1838 erreichten die Dampfer SIRIUS und GREAT WESTERN mit ihren Fahrten Bristol – New York – Bristol den endgültigen Durchbruch zugunsten der Dampfmaschine. Nun war alles weitere nur noch eine Frage der Zeit. Die annähernd gleiche Geschwindigkeit der Dampfer bei der Hin- und Rückfahrt mußte auch die letzten Zweifler überzeugen. Als am 4. Juli 1840 die Cunard Line ihren Transatlantikverkehr mit Dampfern von Liverpool nach Halifax und New York eröffnete, hatte damit auch die Stadt, in der die schnellsten und am meisten bewunderten Postsegler gebaut wurden, endgültig auf den neuen Antrieb gesetzt.

Die Entwicklung der Dampfschiffahrt verlief ähnlich rasant wie die der Eisenbahn. Sie vollzog sich wenige Zeit später auch auf der Ostsee. Auch hier entstanden die ersten ständig mit Dampfern befahrenen Linien fast genau zu jener Zeit, als die Eisenbahnstrecken die Hafenstädte erreichten. 1863 wurde die Eisenbahnstrecke Berlin – Pasewalk – Stralsund fertiggestellt. In Schweden fuhr ein Jahr später der erste Zug zwischen der Hauptstadt Stockholm und dem Ostseehafen Malmö.

Im gleichen Jahr – 1864 – nahmen Dampfer zwischen Stralsund und Ystad, drei Jahre später auch nach Malmö, den ständigen Liniendienst auf.

Die eingesetzten Raddampfer OSKAR und POMERANIA bewältigten die Überfahrt in etwa sieben Stunden, womit sich die Zeit der Ostseeüberquerung mehr als halbierte und die Reisenden von Berlin nach Malmö nun in knapp 37 Stunden fahren konnten. Für den Winterbetrieb wurde der schwedische Dampfer SOFIA eingesetzt. Die neuen, verhältnismäßig schnellen Postraddampferlinien förderten die Entwicklung des Reiseverkehrs zwischen Skandinavien und Mittel- und Südeuropa erheblich. Bereits 1882 konnte Schweden einen größeren Raddampfer, die STEN STURE, einsetzen.

Nachdem die Eisenbahnstrecken in Schonen (1886) und auf Rügen (1891) die Küsten erreicht hatten, war es auf deutscher Seite nur noch eine Frage der Zeit, bis Saßnitz, der neue Abgangs- und Zielbahnhof der Postdampferlinien, entstand.

Im folgenden Jahrzehnt verkehrten zwischen Saßnitz und Trelleborg oder Ystad folgende Dampfer:
ab 1897 Salondampfer REX, Schweden, Salondampfer IMPERATOR, Deutschland;
ab 1899 Dampfer SVEA, Schweden, Dampfer GERMANIA und FREYA, Deutschland;
ab 1900 Dampfer NORDSTJERNEN für die gesunkene REX;
ab 1902 Dampfer ODIN für die GERMANIA und
ab 1906 Postdampfer PRINSESSAN MARGARETA und PRINS GUSTAV ADOLF, Schweden, sowie der deutsche Postdampfer HERTHA.

Die schwedischen Schiffe fuhren für die Reederei AB

Das dänische Fährschiff EDDA.
Quelle: Sammlung Autoren

Sverige-Kontinenten, Malmö, die deutschen wurden von J. F. Braeunlich, Stettin, eingesetzt.

Im Verkehr zwischen Mecklenburg und Dänemark war seit dem 19. Mai 1873 der Raddampfer ROSTOCK (Länge 41,5 m, Breite 5,64 m 68 PS) im Einsatz, der bis zur „planmäßigen Winterruhe" am 30. September 1885 den Sommerliniendienst zwischen Rostock und Nyköping versah. Die ROSTOCK war das erste in Rostock gebaute eiserne Schraubenschiff und beförderte bis 1886 auf 1 292 Hin- und Rückfahrten neben Post und Gütern mehr als 25 000 Passagiere. Als 1886 auf dänischer Seite Gedser sowie Warnemünde auf deutscher Seite Eisenbahnanschluß erhalten hatten, bot sich der 12 Meilen kürzere Seeweg zwischen beiden Städten als schnellere Route an. Die deutschen Raddampfer KAISER WILHELM und GROSSHERZOG FRIEDRICH FRANZ, von der Vulcanwerft A.G. im damaligen Stettin gebaut, und die ähnlichen dänischen Fähren FREYA und EDDA, Länge 58 m, Breite 7 m, Tiefgang 2,10 m, Geschwindigkeit 12 kn bei einer Maschinenleistung von 850 PS boten 500 Personen Platz, die allerdings auf dem offenen Achterdeck durch eine Zeltplane nur sehr unvollkommen vor den Wetterunbilden Schutz fanden. In den ersten Jahren wurde die Postdampferlinie Gedser – Warnemünde vom Deutsch-Nordischen Lloyd, Rostock, betrieben.

Die Eisenbahn brachte zu jeder Jahreszeit immer mehr Reisende und Güter schnell und sicher bis in die Hafenstädte an den Küsten. Dort wurde umgestiegen und umgeladen. Dann stellten auf dicht befahrenen Linien Dampfer über See den Anschluß an die nächsten Eisenbahnstrecken her. Sehr schnell überzog ein immer dichter werdendes Netz regelmäßig und mit hoher Frequenz befahrener Schiffahrtsrouten die Ostsee. Ein Blick in die »Abfahrtslisten« großer Ostseehäfen zeigt, wie hoch der Bedarf, wie vielfältig die Beförderungsmöglichkeiten waren. Von Deutschland wurde via Lübeck Rußland zweimal täglich (Riga, St. Petersburg), Dänemark über Kiel neunmal (Korsør, Kopenhagen) sowie über Rostock dreimal (Nygösing) und Schweden zweimal (Stralsund – Ystad) angelaufen. Von Schweden aus konnte man täglich ab Göteborg, Malmö, Norrköping, Kalmar, Ystad und Stockholm Dampfer nach fast allen deutschen Häfen an der Ostseeküste benutzen. Innerhalb dieser regelmäßigen Liniendienste sehen viele Verkehrshistoriker die Route Stockholm – Turku (Åbo) und weiter nach Helsinki, die bereits vor 1850 ständig von der Reederei A/B Svea bedient wurde, als die erste internationale Fährverbindung des Ostseeraumes an.

Die Ursachen für den dichten Linienverkehr im Ostseeraum, das ständig stärker zunehmende Verkehrsaufkommen und die Nachfrage nach immer kürzeren Beförderungszeiten im kombinierten Land-See-Land-Verkehr warfen die Frage nach einer neuen Transporttechnologie wieder auf. Deutlich erwies sich der not-

Eines der alten dänischen Postschiffe, das zwischen Gedser und Warnemünde verkehrte.

Quelle: Archiv der Reichsbahndirektion Schwerin

wendige Güterumschlag in den Häfen als Zeitverlust, Engpaß und gravierender Kostenfaktor. Auch die Reisenden fanden es immer umständlicher und unbequemer, vom Eisenbahnwagen auf das Schiff umzusteigen, das Schlafwagenabteil mit der Kajüte vertauschen zu müssen. Da boten die von den Eisenbahnverwaltungen über Flüsse und Binnenseen eingesetzten Trajekte einen willkommenen Lösungsansatz. Natürlich handelte es sich beim Verkehr über See um wesentlich größere Entfernungen und erheblich kompliziertere Bedingungen. Dafür gab es allerdings die Alternative der Brücke von vornherein nicht. Noch war die entsprechende Technik nicht weit genug entwickelt, um die erforderlichen gewaltigen Viadukte errichten zu können. Die Trajektprojektierung hingegen konnte nahtlos an die Erfahrungen der Flußfähren anschließen und auf dem Entwicklungsstand der Dampfschiffahrt aufbauen.

Die ersten »Langstreckenverbindungen« mit Trajekten wurden auf der britischen Insel verwirklicht. Bereits in den frühen 50er Jahren des 19. Jahrhunderts kamen auf der Eisenbahnstrecke zwischen Edinburgh und Dundee dampfgetriebene, sogenannte freifahrende Pontonfähren, zum Einsatz. Sie überquerten ab 1850 den Firth of Tay (1,5 km) und zwischen Granton und Burntisland den respektablen 8,8 km breiten Firth of Forth in Schottland. Das Dampffährschiff LEVIATHAN (52,4 m lang, 3 Gleise) konnte mit jeder Fahrt 30 bis 34 Eisenbahngüterwagen und die Dampffähre NAPIER (39,5 m lang, 2 Gleise) 18 Güterwagen übersetzen. Die Güterwagen waren jedoch nur 4 bis 5 m lang und damit mit den heutigen nicht zu vergleichen. Beide Verbindungen stellten die ersten Trajekte dar, deren Einsatz über die einfache Flußüberquerung hinauswies und dem Fährverkehr neue Dimensionen erschloß.

Schiffe und Schienen – Das Zeitalter der Eisenbahnfähren beginnt

Die Eisenbahn regiert – Anfang in Dänemark

In nur drei Jahrzehnten hatte die Eisenbahn die Verkehrsverhältnisse in Europa vollkommen verändert. In Deutschland war 1835 der erste Zug von Nürnberg nach Fürth gefahren. Bereits 30 Jahre später verbanden etwa 20 000 km Eisenbahnstrecken fast alle großen Städte und viele wichtige Produktionsstätten miteinander. Auch in Schweden, wo 1851 zwischen Kristenhamn und Sjöadan die erste Eisenbahnlinie eröffnet worden war, breitete sich das Streckennetz sehr schnell aus und erreichte 1863 mit der Söderstammbahn von Fallköping aus Malmö. Die Hauptstadt Dänemarks, Kopenhagen, war seit 1857 mit Korsør am Großen Belt verbunden, hatte Anschluß nach Helsingør am Öresund und nach Masnesund gegenüber der Insel Falster. Zu Beginn der 70er Jahre besaß das Land etwa 900 km Eisenbahnstrecken. Die neuen Transportmittel machten den Faktor Zeit nun auch in der Warenzirkulation zum entscheidenden Mittel der Konkurrenz. Die Lebensfähigkeit der Betriebe hing immer mehr von den bestehenden Transportkapazitäten ab, wurde von Beförderungsmöglichkeiten und -kosten zunehmend beeinflußt.

Bei ihrem Siegeszug hatte die Eisenbahn zahllose natürliche Hindernisse erfolgreich überwunden. Imposante Brücken spannten sich über Täler und Flüsse, künstliche Dämme überquerten Moore und Tunnel, durchstießen Berge. An den Küsten aber wurde zunächst noch umgestiegen und umgeladen. Die Welthandelsflotte paßte sich mit erheblichen Wachstumsraten dem steigenden kontinentalen Verkehr an. Immer mehr Dampfschiffe fuhren über die Meere. Von 20 % im Jahre 1870 wuchs ihr Anteil an der Gesamttonnage auf über 80 % zur Jahrhundertwende.

Im Kurzstreckenverkehr über See verlängerte der Umschlag Eisenbahn-Schiff-Eisenbahn die Beförderungszeit erheblich. Je schneller sich die allgemeinen Verkehrsverhältnisse entwickelten, desto notwendiger wurde es für die Eisenbahn, nun auch Küstengewässer und Binnenmeere zu überwinden. Um die zahlreichen großen Inseln erreichen zu können. entstanden die ersten Eisenbahnfähren im Ostseeraum in Dänemark als notwendiger Teil des Eisenbahnnetzes fast so selbstverständlich wie die kontinentalen Flußfähren und Brücken. So wird Dänemark zu Recht als das Ursprungsland des Ostsee- Eisenbahn-Fährverkehrs bezeichnet. Hier begann die Entwicklung, die in gerader Linie zu den heutigen modernen Großfähren führt. 1872, das Jahr in dem zwischen Fredericia und Strib eine Trajektanstalt errichtet wurde, die den Kleinen Belt von Jütland nach Fünen überquerte, kann als das Geburtsjahr des Ostseefährverkehrs angesehen werden (Die Fährverbindung Fredericia – Strib wurde 1935 eingestellt, nachdem eine kombinierte Eisenbahn- und Straßenbrücke in Betrieb genommen worden war.).

Wenige Jahre später fanden Überfahrten von Korsør nach Nyborg (Eröffnung 1883) über den Großen Belt, von Orehoved auf Falster nach Masnesund (Seeland) und von Nykoping (Falster) nach Glyngøre (Lolland) statt (1937 nach Eröffnung der Storstrøms-Brücke zwischen Seeland und Falster eingestellt.). Damit wurde die dänische Entwicklung zum Vorbild für alle anderen Ostseeanliegerstaaten. Für Deutschland gilt das in ganz besonderem Maße. Auch außerhalb Europas wurden schon recht früh Eisenbahnfährlinien eröffnet. Nur zwei Beispiele sollen hier genannt werden:
San Francisco – Oakland über die San-Francisco-Bay, Dampffährschiff TRANSIT, Baujahr 1876 – Länge 103 m, Breite 22 m, 1 566 BRT, Kolbendampfmaschine 1 533 PS, Seitenradantrieb ; Port Costa-Benicia – San

Francisco-Bay, Dampffährschiff SOLANO, Baujahr 1879, Länge 127 m, Breite 35 m, 3549 BRT, Kolbendampfmaschine 2500 PS, Seitenradantrieb.

In der Geschichte des Fährverkehrs markieren die ersten Eisenbahnfähren über See den Einstieg in eine neue Generation von Transportmitteln. Sie stehen für das technologische Prinzip des »beibehaltenen Transportgefäßes«, auf dem unsere modernen Transportprozesse von der Palette bis zum Container aufbauen. In ihnen vereinigen sich charakteristische konstruktive Merkmale dampfgetriebener Hochseeschiffe mit spezifischen Anforderungen des Schienenverkehrs. Noch deutlicher wird dieses Nebeneinander von Schiff und Schiene an den Anlegestellen. Hafen und Bahnhof, Gleisanlage und Mole, sie sind zugleich die perfekte technische Verbindung Land-See-Land, die durchgehende Transportkette, die schwimmende Brücke, das Gleis über die Meere.

Von Stralsund nach Rügen

Waren in Dänemark die Trajektanstalten wegen der geographischen Beschaffenheit des Landes ein unverzichtbarer Bestandteil der Eisenbahnerschließung und wurden deshalb gerade hier die Pionierleistungen im Fährverkehr vollbracht, so standen bald auch andere Länder vor ähnlichen Fragen. Die verkehrstechnische Erschließung der größten deutschen Insel, Rügen, ist dafür ein charakteristisches Beispiel. Durch den Strelasund vom Festland getrennt, deshalb bei allen Transporten auf Dampferverbindungen angewiesen und ohne eigene Eisenbahnstrecken, hatte sie vorerst nur geringen Anteil am allgemeinen wirtschaftlichen Fortschritt. Kein Wunder, daß die Kaufleute, Großgrundbesitzer und Industriellen Stralsunds und Rügens nach einer Lösung suchten, die unbefriedigende Transportsituation der Insel zu verändern.

Nachdem 1863 die Strecke Berlin – Pasewalk – Stralsund eröffnet worden war und 1878 auch über Neubrandenburg Berlin mit der Eisenbahn erreicht werden konnte, häuften sich die Klagen über den langsamen und witterungsanfälligen Dampfschiffsbetrieb. 1879 bildete sich in Stralsund ein »Comité« einflußreicher Bürger, deren erklärtes Ziel es war, auf Rügen eine Eisenbahn zu errichten und sie – den Strelasund überquerend – an das deutsche Netz anzuschließen. Damit war zum ersten Mal in Deutschland die Aufgabe gestellt, eine seeüberquerende Eisenbahnverbindung zu planen und zu bauen. Zur Wahl standen mehrere Varianten, u. a. auch eine reine Brückenverbindung, die von Stralsund zur Insel Dänholm (Ziegelgrabenbrücke) und von Dänholm nach Gralhof verlaufen sollte. Vor allem aus Kostengründen wurde diese Möglichkeit verworfen. Es darf allerdings nicht übersehen werden, daß für so große Brücken die bautechnischen Voraussetzungen fehlten und übermäßig hohe Aufwendungen erforderlich gewesen wären.

Damit entschied das Stralsunder »Comité« genau wie bereits 1863 der dänische König. Er hatte den Vorschlag des Ingenieurs Kröhnke abgelehnt, der mit einer Kombination von Brücken und Fähren über Fehmarnsund – Fehmarn – Fehmarnbelt – Lolland – Falster-Seeland die durchgehende Eisenbahnverbindung zwischen Lübeck und Kopenhagen verwirklichen wollte. Während aber das königliche »Nein« eine entsprechende Eisenbahnverbindung um genau 100 Jahre verzögerte – erst am 14. Mai 1963 wurde sie als »Vogelfluglinie« eröffnet – entschied man sich in Stralsund zugunsten einer Eisenbahnfährverbindung. Sie sollte zwischen Stralsund-Hafen und einem Anlegeplatz in der Bucht zwischen Altefähr und Grahlerfähr verkehren. Einschlägige Erfahrungen gab es in Deutschland bisher nur für die Trajektierung von Eisenbahnfahrzeugen über Flüsse. Eine Rheinfähre, von Harwich mit Kettenantrieb bei Rheinhausen erbaut, erschien den sparsamen Hanseaten auch als die beste Lösung. Weitere Untersuchungen ergaben aber sehr schnell, daß Flußfähren, auch dampfgetriebene, den Bedingungen des Strelasunds nicht entsprachen. So wurde die Trajektanstalt zwischen Fridericia und Strib als Vorbild gewählt. Dort beförderten »seetüchtige« Schiffe auf ihren Decks Eisenbahnwagen vom Festland zur Insel Fünen. Die längere Erfahrung und ältere Tradition der nördlichen Nachbarn stand Pate bei der Errichtung der ersten deutschen Trajektverbindung.

Vorerst allerdings warfen die Verhältnisse im Strelasund für Planer und Erbauer genügend Probleme auf. Einige von ihnen, die für die Anforderungen der Eisenbahnfährschiffahrt allgemein gelten, sollen genannt werden: Zuerst einmal waren Fragen des Tiefgangs zu beantworten, da der Strelasund mit 2,70 m bei Mittelwasser und erheblichen Schwankungen nur eine sehr geringe Wassertiefe hat. Das erforderte von vornherein eine prahmartige Schiffsform. Mag dies aber noch als eine lokale Besonderheit angesehen werden, die Notwendigkeit, trotz unterschiedlicher Belastung und bei wechselndem Wasserstand Schiffsdeck und Anlegestelle niveaugleich zu halten, um die Gleisverbindung Land-Schiff-Land immer sicher befahren zu können, ist eine spezifische Anforderung des Trajektverkehrs.

In Stralsund wurde deshalb zur Verbindung Landungssteg - Schiff eine bewegliche Brücke errichtet. Sie ruhte landseitig mit gußstählernen Zapfen in eisernen Gleitlagerschalen, deren Reibungswiderstand die Stöße des Schiffes abfangen sollten. Mit Hilfe eines Portalkranes, der über Flaschenzüge wirkte, konnte die Brücke von einer Steigung von 1 bis 15,1 ‰ bis zu einem Gefälle von 1 zu 13,7 ‰ verändert und auf die Lagerbohlen des Schiffes aufgelegt werden. Indem Gegengewichte die Brücke annähernd ausbalancierten, genügte dann eine von zwei Männern bediente einfache Kranwinde, um sie wieder zu heben.

Bald stellte sich heraus, daß diese beträchtliche Bewegungsfreiheit der Brücke immer noch nicht ausreichte, um unter allen Bedingungen das Fährschiff sicher be- und entladen zu können. Veränderungen an der Brücke wären nur mit einem ganz erheblichen Kostenaufwand möglich gewesen, da die gesamte Anlage hätte umgebaut werden müssen. So blieb nur die Möglichkeit, den Tiefgang des Schiffes zu variieren. Deshalb wurden in die erste beschaffte Fähre, die Prinz Heinrich, und dann auch in alle weiteren Fähren Wassertanks eingebaut. Sie konnten je nach Wasserstand und Schiffslast geflutet oder geleert werden und hielten damit die Veränderung des Tiefgangs oder die Höhenlage des Decks über der Wasserlinie in einer bestimmten Toleranz. Nun ließ sich mit Hilfe der beweglichen Brücke die erforderliche Niveaugleichheit der Gleise sicher erreichen. Außerdem half der Ballast, die Fähre bei geringeren Lasten zu stabilisieren. Gleichzeitig war eine Prinziplösung gewählt worden, die bis heute im Trajektbau angewandt wird. Das gilt auch für die vielen zusätzlichen Details, die den sicheren Transport von Eisenbahnwagen auf Schiffen und ihre Be- und Entladung ermöglichen. Zu nennen ist der Entgleisungsschutz – in Stralsund und Altefähr als Zwangsschienen aus Eichenholz gebaut –, die Befestigung der Eisenbahnwagen auf Deck und Hilfsmittel, die

die aufgelegte Brücke so einrasten und fixieren, daß Schiffs- und Brückengleise sicher befahren werden können. In Stralsund übernahmen Spurhalter, über schräge Flächen wirkend, diese Aufgabe.

Ein weiteres für Fährhäfen prägendes Problem, die Notwendigkeit, den Anlegeplatz den Schiffen sehr exakt anzupassen, wurde durch »Pufferwände« aus starken Pfählen gegen den festen Steg und bei der Brücke durch Blechkolbenpuffer nach einem Patent von Thomason gelöst. Auch der Gleisanschluß des Fährbahnhofs Stralsund machte Bedingungen deutlich, die bei Fähranlagen relativ oft auftreten und dazu zwingen, verhältnismäßig enge Kurven und starke Steigungen zu bewältigen. Das Trajektgleis zweigte mit einem Bogenhalbmesser von 180 m vom Hafengleis ab und wurde mit einer Steigung von 1 zu 90 gebaut. So erreicht es den Landpfeiler der beweglichen Brücke, bei dem die Oberkante des Schienenkopfes 1,62 m über NN oder 0,44 m über dem gewöhnlichen Hochwasser lag.

Eine 7,5 m breite Landungsbrücke – 1,79 m über Mittelwasser – an der linken Seite des mit dem Heck an der beweglichen Brücke liegenden Schiffes, später überdacht, wurde durch einen Steg mit der Fähre verbunden. Dies war notwendig, weil die Reisenden während der Überfahrt die Eisenbahnwagen verlassen mußten. Die östliche Seite des Beckens begrenzte ein weiteres Pfahlwerk. So wurde die von Wind und Wellen möglichst ungestörte Anfahrt des Schiffes an die bewegliche Brücke gesichert und das stilliegende Trajekt exakt festgelegt.

Am Fuß des Ladungssteges komplettierte das Stationsgebäude die Fähranlage auf der Festlandseite. Alle baulichen Anlagen der Trajektanlage Stralsund – Altefähr wurden über das Königliche-Eisenbahn-Betriebsamt Stralsund geleitet und ausgeführt. Die Fährschiffe gab man bei der Firma Schichau in Elbing in Auftrag. Nach der verhältnismäßig kurzen Bauzeit von neun Monaten traf am 13. November 1882 das erste Trajekt, die Prinz Heinrich, im Stralsunder Hafen ein. Dieses erste deutsche Fährschiff für den Transport von Eisenbahnwagen über See machte die neuen Anforderungen deutlich, denen, im Unterschied zur Trajektierung über Flüsse, entsprochen werden mußte. Die heute sehr gering anmutende Entfernung von Stralsund nach Altefähr (2,5 km) darf über die Schwierigkeiten, die bewältigt werden mußten, nicht hinwegtäuschen. Nicht nur mit extrem wechselnden Wasserständen war zu rech-

Die Fähranlage in Stralsund um 1900.

Quelle: Stadtarchiv Stralsund

Die SASSNITZ auf der Überfahrt von Altefähr auf Rügen nach Stralsund.
Quelle: Stadtarchiv Stralsund

nen, sondern die Hafenanlagen sollten auch Sturmfluten überstehen, die Schiffe auch bei großen Windstärken und Eisgang, bei Hoch- und Niedrigwasser störungsfrei verkehren. Da ständig in Landnähe manövriert werden mußte, noch dazu in eng begrenzten Fahrrinnen, die zum Wenden extra ausgebaggert wurden, waren stabile Fahreigenschaften eine unabdingbare Voraussetzung. Weitere Anforderungen resultierten aus dem speziellen Einsatz im Trajektdienst.

Der Zweck eines Trajekts ist es, Eisenbahnwagen zu befördern, noch deutlicher gesagt, sie überzusetzen. Deshalb müssen die Eisenbahngleise an Bord weitergeführt werden, was naturgemäß nur in Längsrichtung erfolgen kann. Das Trajekt wird also im eigentlichen Sinne nicht beladen, sondern die Eisenbahnfahrzeuge werden auf die Decksgleise gefahren. Dies war bei der damaligen Schiffsgröße und den technischen Möglichkeiten entweder über Heck oder Bug, keinesfalls aber von der Seite, der sonst üblichen Beladerichtung, her möglich. Das erste Schiff der Stralsunder Fährlinie war ein Hecklader. Die Bugvariante hatte von vornherein nicht zur Disskusion gestanden, denn zu Recht waren durch die Planer eisbrechende Fähigkeiten verlangt worden. Die Werft konstruierte deshalb die PRINZ HEINRICH mit einem scharfen, bis zur Wasserlinie hochgezogenen Bug. Die hieraus folgende Zwangslage bei der Beladung machte es notwendig, die Fähre vor jedem Anlegemanöver zu wenden und den Liegeplatz rückwärts anzusteuern. In den Geburtsjahren des Fährverkehrs über See, wo die Entfernung zwischen den Fährhäfen noch verhältnismäßig gering, die Fahrzeiten entsprechend kurz waren, traten Forderungen an die Höchstgeschwindigkeit hinter solchen an die Wendigkeit zurück. Es kam vor allen Dingen darauf an, das Schiff leicht wenden und enge Liegestellen sehr exakt ansteuern zu können.

Erst mit den wachsenden Trajektierungsentfernungen wurde dann auch die Geschwindigkeit wichtig. Vorher waren Antriebsmaschinen vordergründig notwendig, um die Fähre, deren Deck festgezurrte Eisenbahnwagen Wind und Schnee große Angriffsflächen boten, sicher steuern zu können. Deshalb stattete die Werft die PRINZ HEINRICH mit zwei Dampfmaschinen von je 90 PS indizierter Leistung aus, die das Schiff über zwei Schraubenpropeller antrieben und enge, rasche Wendungen ermöglichten. Um diese Leistung zu erzeugen, wählte

man zwei mit 7 kg/cm³ Überdruck arbeitende Kessel, die mit Steinkohle beheizt wurden.

Mit der Entwicklung und dem Einbau der Verbunddampfmaschine Ende des vorigen Jahrhunderts war abweichend von der durch Watt entwickelten empirischen Formel zur Leistungsberechnung eine Bestimmung über den »indizierten Druck« im Zylinderraum und der tatsächlichen Drehzahl (Kolbengeschwindigkeit) möglich. Durch die exakte Bestimmung der »indizierten Leistung« können die Leistungen verschiedener Maschinen miteinander verglichen und in die gebräuchliche Maßeinheit »Kilowatt« ($1 PS_i = 0,736 kW$) umgerechnet werden.

Bei einer Gesamtmasse von 300 t – davon 240 t Eigenmasse – wies die PRINZ HEINRICH ein Verhältnis von Leistung zu Nutzladung von 1,5 PS/t aus. Auch andere spezifische Anforderungen der Eisenbahnfährschiffahrt lassen sich an den konstruktiven Merkmalen der PRINZ HEINRICH geradezu exemplarisch darstellen:

– Der Einbau eines Kollisions- und Stopfbuchsenschotts in Bug und Heck;
– das an Passagierschiffe erinnernde Vorhandensein von Kajüten;
– das besonders stabil ausgeprägte schienentragende Deck und
– die bereits in ihrer Funktion erläuterten Wasserballasttanks.

Das erste Stralsunder Fährschiff trug zwei schlanke Schornsteine, zwischen denen das Gleis hindurchgeführt war und hatte eine hohe Kommandobrücke, so daß die Silhouette von den schiffskundigen Stralsundern anerkennend gelobt wurde. Interessant ist in diesem Zusammenhang, daß der oder die Schornsteine ein wesentliches Gestaltungselement geblieben sind. Die Maße sind jedoch eher bescheiden zu nennen. Mit 36,2 m Gesamtlänge und 7,4 m Breite konnte die PRINZ HEINRICH höchstens vier Eisenbahnwagen tragen. Um den Aufenthalt der Passagiere an Deck zu ermöglichen, hatte man das Deck 1 m über Bord verbreitert. Mit den Kabinenpassagieren war es möglich, insgesamt 250 Personen überzusetzen.

Die Fährlinie Stralsund – Rügen übernahm strenggenommen Trajektdienst nur im Güterverkehr, wenn auch natürlich sowohl Personenwagen als auch Lokomotiven für den auf Rügen eingesetzten Betriebspark übergesetzt wurden. Bezogen auf den Reiseverkehr wa-

Eisenbahnfähre auf dem Strelasund.

ren die Schiffe zwar als Fähren, aber nicht als Trajekte eingesetzt. Ein solcher Fährenpendelverkehr hätte sich mit einem Bruchteil des damaligen Aufwandes realisieren lassen.

Ist der Fährverkehr in Dänemark oder von Stralsund nach Altefähr auf Rügen ein charkateristisches Beispiel für die »Initialwirkung« landesweiter Eisenbahnverbindungen, um Trajektanstalten zu planen und zu errichten, so beweisen die Verhältnisse der Insel Fehmarn, daß auch ohne durchgehende Linien das Miteinander von Schiff und Schiene funktionierte. Die Kreis-Oldenburger-Eisenbahn (KOE) hatte nämlich bis zum Jahre 1900 eine Normalspurstrecke zwischen dem holsteinschen Neustadt und Großenbrode fertiggestellt, die über keinerlei Schienenverbindung zum allgemeinen deutschen Eisenbahnnetz verfügte. Diesem, ganz ohne Zweifel nicht allgemein üblichen Unternehmen setzte die Kreis-Oldenburger-Eisenbahn dann die »Krone auf«, als sie auf Fehmarn zwischen Burg und Fehmarnsund eine weitere Eisenbahnlinie eröffnete und beide Strecken mit einer Fähre (1903) von Fehmarnsund nach Großenbrode/Fähre miteinander verband. Das eingesetzte Schiff, die Fehmarnsund, wurde über eine Schraube durch eine Verbundkolbendampfmaschine getrieben, war 23 m lang und trajektierte bis 1927 Personen- und Güterwagen über den Sund. Beladen wurde die Fähre über Bug. Bereits 1910 betonte ein Kommunalpolitiker die Bedeutung dieser Verbindung, indem er

darauf hinwies, daß ohne sie die Insel, die auf den raschen Absatz frischer und leicht verderblicher Agrarprodukte angewiesen war, nicht existieren könne.

Fähren über den Öresund – die ersten internationalen Linien

Eine fast reibungslose Funktion, hohe Kapazität, viel eingesparte Zeit und verhältnismäßig niedrige Kosten der Inlandfähren hatten nach kurzer Zeit auch die letzten Zweifler davon überzeugt, wie vorteilhaft es war, mit Trajekten die durchgehende Eisenbahnbeförderung über See zu verwirklichen. Alle wesentlichen technischen Fragen waren beantwortet, wichtige Erfahrungen in Bau und Betrieb gesammelt. Die erreichten Auslastungen hatten hohe Erwartungen nicht nur erfüllt, sondern sogar erheblich übertroffen.

Es lag nahe, nunmehr auch im zwischenstaatlichen Verkehr Fähren einzusetzen. In erster Linie waren die Schwedischen Staatsbahnen (SJ) daran interessiert, ihre Linien mit dem europäischen Eisenbahnnetz zu verbinden. Für den Export der Landesprodukte, wie beispielsweise Eisen oder Holz, die sehr masseintensiv sind, gab es im industrialisierten Europa zunehmend gute Absatzmöglichkeiten. Schnelle und billige, vor allen Dingen aber durchgehende Eisenbahnverbindungen wurden für die heimische Verarbeitungsindustrie lebenswichtig. Aber auch im Personenverkehr mußte die Möglichkeit, mit der Eisenbahn von Stockholm nach Europa ohne Umsteigen fahren zu können, jeden Reisenden faszinieren.

Trotzdem entstand die 1892 eröffnete erste internationale Eisenbahnfährverbindung im Ostseeraum zwischen dem fünf Kilometer voneinander entfernt liegenden dänischen Helsingør und dem schwedischen Helsingborg ursprünglich nicht als zwischenstaatliche Linie, sondern als Teil des dänischen Eisenbahnnetzes. Auf der Fährstation in Helsinborg übten bis 1928 nur dänische Eisenbahner den Dienst aus. Die Tarife wurden von den Dänischen Staatsbahnen bestimmt, die ganz für die Ausgaben aufkamen und der folglich auch alle Einnahmen zufielen. Erst nach der per 1. Juni 1931 zwischen den Dänischen Staatsbahnen und den Schwedischen Staatsbahnen getroffenen Übereinkunft wurde diese Fährlinie zur Hälfte ihrer Länge (östliche Hälfte) den Schwedischen Staatsbahnen zugeordnet, der nun auch die Einnahmen anteilig zufielen. Die Dänischen Staatsbahnen übernahmen gegen Entschädigung bis auf Widerruf den Eisenbahnfährbetrieb. In den ersten fünf Jahren galten für die 30 km lange Fährlinie Malmö – Kopenhagen, die 1895 eröffnet wurde, die gleichen Regelungen wie auf der Linie Helsingør – Helsingborg. Den Fährbetrieb sicherte die dänische Eisenbahnfähre Kjøbenhavn. Ab 1900 kam die schwedische Eisenbahnfähre Malmö hinzu. Im Zusammenhang mit ihrem Einsatz wurde das Abkommen über die Teilung der Einnahmen und Ausgaben zwischen den Dänischen und den Schwedischen Staatsbahnen getroffen. Diese Eisenbahnfährlinie verband das schwedische Eisenbahnnetz mit dem dänischen. Mit ihr entstand die erste internationale Eisenbahnfährstrecke im Ostseeraum. Auf ihr verkehrten hauptsächlich schwedische Fähren.

Die Malmö war für 971 691 schwedische Kronen angeschafft worden. Ihre ersten Fahrten dauerten mit Anlegemanöver zwar fast drei Stunden, aber im Vergleich mit dem vorherigen Wechsel von der Eisenbahn auf das Schiff und wieder vom Schiff auf die Eisenbahn verkürzte sich die Reisezeit von Stockholm nach Kopenhagen beträchtlich.

Nun waren Schweden und Dänemark mit durchgehenden Eisenbahnlinien verbunden. Trotzdem erforderte eine weiterführende Reise von Stockholm zu einem zentralen europäischen Eisenbahnknoten, beispielsweise Berlin, nach heutigen Begriffen noch sehr viel Zeit und Anstrengung. Dies waren die Möglichkeiten, zwischen denen ein Reisender zur Jahrhundertwende wählen konnte: Stockholm-Hässleholm – Helsinborg-Fähre nach Helsingør – Kopenhagen bzw. Stockholm-Hässleholm – Malmö-Fähre nach Kopenhagen und weiter nach Korsør-Fähre nach Nyborg – Strib-Fähre nach Fredericia – Hamburg – Berlin. Eine solche Reise war ohne umzusteigen im Kurswagen möglich, aber sie dauerte lange. Deutlich wird, welche wichtige Rolle die Fähren spielen. Von Malmö konnte ein Reisender auch nach Trelleborg oder Ystad weiterfahren, dann bis Stralsund auf den Postdampfer umsteigen und von dort die Eisenbahn nach Berlin benutzen.

Das Beispiel verdeutlicht die Problematik. Die dänisch-schwedischen Fährverbindungen erschlossen vorerst Westeuropa für den Eisenbahnkunden. Schon für Berlin, viel mehr für Länder östlich der deutschen Hauptstadt und den Südosten des Kontinents blieb der Zeitgewinn gering. Aber Zeit war Geld, Kostenfaktor und Profit, die Schnelligkeit des Transports neben Sicherheit und Komfort das entscheidende Argument konkurrierender Verkehrsträger.

Die gleiche technisch-technologische Entwicklung, die ihre eigenen Kapazitäten ausdehnte und damit das Angebot schnell wachsen ließ, veränderte auch die Produktion. Der Ausstoß an Fertigprodukten wuchs. Immer mehr von ihnen waren technisch anspruchsvolle, hochveredelte Erzeugnisse. Diese wertvollen Güter benötigten zwar verhältnismäßig wenig Transportraum, dafür aber schnelle, sichere und häufige Versandmöglichkeiten. Natürlich stieg auch die Masse der benötigten Rohstoffe. Die neuen Anforderungen an die Transportträger wurden fortan durch den Slogan: „Viel und schnell – sicher und billig" geprägt. Noch war die Frage nach den besten Verbindungen über die Ostsee offen. In den folgenden zehn Jahren sollte sie beantwortet werden.

Eisenbahnlinien über die Ostsee: Gedser – Warnemünde

Den Anfang hinsichtlich der Eröffnung von Eisenbahnlinien über die Ostsee machte wieder einmal das klassische Land der Trajekte, Dänemark, diesmal gemeinsam mit Deutschland, wobei die Initiative vom Großherzogtum Mecklenburg ausging.

Zur Vorgeschichte der ersten dänisch-deutschen Fährlinie gehört, daß die „Großherzoglich-Mecklenburgische-Friedrich-Franz-Eisenbahn", die seit 1886 die Strecke (Berlin) – Neustrelitz – Rostock – Warnemünde betrieb, 1894 die Postdampferlinie Gedser – Warnemünde vom Norddeutschen Lloyd übernommen hatte. Natürlich kam den Verkehrsplanern sofort der Gedanke, diese Möglichkeit zu nutzen, um die Vorzüge beider Verbindungen zu vereinen, d. h. den Verkehr nach Dänemark zu beschleunigen und dänische Transporte über die eigenen Strecken zu leiten. Die Verbindung hatte gegenüber der Strecke Korsør – Flensburg – Hamburg – Berlin den Vorzug eines um 300 Tarifkilometer kürzeren Weges. Am Bedarf bestand nach den Erfahrungen mit der Dampferlinie kein Zweifel. Auch in Rostock, dem Hafen, der unter der Konkurrenz von Lübeck und Kiel im Verkehr mit Dänemark und Schweden sowie von Stettin und Danzig im Verkehr nach Rußland schwer zu leiden hatte, fanden sich schnell eifrige Befürworter eines Fährprojekts zwischen Warnemünde und Gedser. 1898 nahm der „Mecklenburgische Landtag" eine entsprechende Vorlage an, und zwei Jahre später stellte auch Dänemark seine bisherigen Bemühungen um eine Verbindung Laaland – Fehmarn – Kiel zurück und stimmte dem Plan zu.

Zum Anfang des Jahres 1901 begannen die Bauarbeiten. Sie wurden auf deutscher Seite mit fast 6 1/2 Millionen Mark finanziert. Der Umbau auf die Bedingungen des Fährbetriebs in Gedser kostete 13 Millionen Dänische Kronen. Die Fährhäfen der Linie Stralsund – Altefähr waren noch für unter 100 000 Mark zu haben gewesen. Ihnen gegenüber bot allerdings Warnemünde nach dem Umbau auch das Bild eines wirklichen Hochseefährhafens. Die Fährbetten, entsprechend den Schiffsformen in die Uferböschung eingeschnitten, wurden von hohen Portalen überragt, von denen aus die 30 m lange, drehbare Gleisbühne geführt werden konnte. Aber ab-

Die Fähranlage in Gedser.
Quelle: Archiv der Reichsbahndirektion Schwerin

gesehen von den anderen Größenverhältnissen hatte sich an den prinzipiellen Lösungen nicht viel verändert. Allerdings standen in Warnemünde und Gedser zwei Fährbetten zur Verfügung.

Die meisten Kosten entstanden dadurch, daß für die traditionelle Schiffahrt zum Rostocker Hafen neue Wege geschaffen werden mußten, damit der gleichzeitige Betrieb des Fährverkehrs weitgehend störungsfrei ablaufen konnte. Für Standortfragen der Fährhäfen, wo die Vorzüge traditioneller Seehäfen gegen die Nachteile gegenseitiger Behinderung abzuwägen sind, wurde die Linie Warnemünde – Gedser zu einer Standardlösung. Viele Fährhäfen sind danach als selbständige, von der übrigen Schiffahrt getrennte Anlagen errichtet worden. Das war oft auch notwendig, da so die platzaufwendigen Eisenbahnanlagen den technologisch-technischen Anforderungen des Trajektbetriebes am besten angepaßt werden konnten. Eine wichtige Rolle spielte das Nebeneinander von Personen- und Güterbeförderung, das für den Fährverkehr lange Zeit typisch war. Aber selbst zu dem Zeitpunkt, als mit der weiteren Entwicklung reine Güterfährlinien errichtet wurden, blieb die Entscheidung dieser Frage ein wichtiges Grundprinzip der Standortwahl.

1903, fast ein Jahr vor dem geplanten Termin, lief am 1. Oktober die deutsche Radfähre FRIEDRICH FRANZ IV in Warnemünde zur Jungfernfahrt nach Gedser aus. Damit war die erste Ostseefährverbindung eröffnet.

Für den Fährbetrieb stellte Dänemark die PRINSESSE ALEXANDRINE und die PRINS CHRISTIAN bereit; der deutsche Partner setzte neben der FRIEDRICH FRANZ IV die MECKLENBURG ein.

Die PRINS CHRISTIAN war in Dänemark von der „Aktieselskabet Helsingørs Jernskib og Maskinbyggerie" ge-

Die Eröffnung der Fährverbindung Warnemünde · Gedser. Quelle: Archiv der Reichsbahndirektion Schwerin

Die Eisenbahnfähre MECKLENBURG vor dem Umbau. Quelle: Archiv der Reichsbahndirektion Schwerin

baut worden und, wie die MECKLENBURG, die bei Schichau, Danzig, gebaut wurde, in erster Linie für den Bedarf des Güterverkehrs konstruiert. Die anderen zwei Fährschiffe stammten aus Elbing von der Werft F. Schichau, die bereits die Stralsunder Schiffe geliefert hatte. Sie unterschieden sich von den ersten Strelasundschiffen vor allen Dingen durch eine zusätzliche Bugklappe, so daß die umständlichen Wendemanöver nicht mehr erforderlich waren. Außerdem waren die FRIEDRICH FRANZ IV und die PRINSESSE ALEXANDRINE als Raddampfer gebaut, während die anderen beiden Fährschiffe mit Doppelschrauben ausgestattet waren. Die Schiffe wurden von einer Dreifachexpansions-Kolben-Dampfmaschine angetrieben, die 2500 PS leistete. Die MECKLENBURG konnte im Winter als Eisbrecher eingesetzt werden.

Die Raddampfer verfügten über ein Gleis von 79,5 m Länge, das in der Mitte des Decks zwischen je zwei Schornsteinen angeordnet war. Diese vier Schornsteine galten als charakterisitsches Erkennungszeichen der Radfähren.

Bereits nach zwei Jahren wurden beide Schiffe von ursprünglich 85,3 m (FRIEDRICH FRANZ IV) und 86,8 m (PRINSESSE ALEXANDRINE) auf 103 m bzw. 102 m verlängert. Sie erhielten zwei Gleise, so daß sie anstelle von 10 nun 15 Güterwagen laden konnten. Diesem Umbau fielen jedoch zwei Schornsteine und damit das typische Erscheinungsbild der ersten Jahre zum Opfer.

Die Breite der MECKLENBURG (17,70 m) und die Breite der PRINS CHRISTIAN (17,70 m) ermöglichten es, zwei Gleise an Deck mit einer nutzbaren Gleislänge von 125,0/126,8 m anzuordnen. Beide Schiffe verfügten gegenüber den Raddampfern über einen moderneren Antrieb und größere Ladekapazitäten.

Alle Fährschiffe der Anfangszeit zwischen Gedser und Warnemünde trugen die Eisenbahnwagen offen an Deck. Besondere Spritzschutzeinrichtungen gab es damals noch nicht. Trotzdem stieg die Leistungskurve der Linie sowohl im Reise- als auch im Güterverkehr steil nach oben. Bereits bis zum 10jährigen Jubiläum waren über 1 Million t Fracht und mehr als 1 Million Reisende befördert worden.

Die Königslinie zwischen Trelleborg und Saßnitz

Mit Blick auf die erfolgreiche Entwicklung des Fährverkehrs zwischen Dänemark und Deutschland wurde bald auch von schwedischer Seite engagiert darauf gedrungen, die unbefriedigende Dampfschiffsverbindung in eine leistungsfähige und attraktive Trajektroute auszubauen. Auch in Deutschland gab es längst reges Interesse. Am 15. November 1907 fixierte ein in Berlin unterzeichneter Staatsvertrag, daß beide Eisenbahnverwaltungen willens waren, zwischen Schweden und Deutschland einen Eisenbahnfährverkehr zu verwirklichen, der hohe Ansprüche zu befriedigen in der Lage war. Die dabei im Detail festgehaltenen Vorhaben zeigten deutlich, daß beide Länder über langjährige Erfahrungen verfügten, um Eisenbahnfährlinien zu errichten und zu betreiben. So war es fast selbstverständlich, daß jedes Land je zwei in den wesentlichen technischen Parametern übereinstimmende Fährschiffe einsetzen würde, denn die Parität galt bereits als Grundprinzip im Transportmitteleinsatz.

Die Standortwahl für die benötigten Fährhäfen gestaltete sich da schon komplizierter. Während sich die Schwedischen Staatsbahnen sehr schnell für Trelleborg entschieden, setzte auf deutscher Seite ein heftiger Streit um die beste Lösung ein, der natürlich, wie immer in solchen Fällen, auch nicht frei von kleinlichen lokalen Argumenten und Bedenken verlief. Tatsächlich zeigte dann auch wenig später die Entwicklung von Saßnitz, wie einschneidend die zu treffende Entscheidung in das Leben und die Wirtschaft des gewählten Standortes eingreifen würde. Swinemünde, Wolgast, Hiddensee, Arkona, Zingst, Barhöft, Warnemünde, Darßer Ort, Travemünde und Saßnitz wurden in Betracht gezogen.

Schließlich entschied man zugunsten des Fischerdorfes Saßnitz, der Endstation der Eisenbahn auf Rügen und an der Proraer Wiek günstig gelegen. Obwohl der Standort gute Voraussetzungen bot, mußten trotzdem ganz erhebliche Bauleistungen vorgenommen werden.

Zuerst waren zur Seeseite die Fährbetten zu bauen, dann die vorhandenen Molen zu verlängern und schließlich landseitig die Eisenbahnanlagen zu schaffen, damit eingehende Züge zerlegt, die Länge der Wagengruppen den Schiffen angepaßt und abgehende Züge gebildet

Die Fähranlage in Saßnitz. Quelle: Zentrale Bildstelle der DR

werden konnten. Besondere Schwierigkeiten waren zu überwinden, um den Fährbahnhof an die bedeutend höher gelegene Eisenbahnstrecke anschließen zu können. So stellt die Steilstrecke zwischen Saßnitz Hafen und Bahnhof Saßnitz auch heute noch eine charakteristische Besonderheit des Saßnitzer Fährkomplexes dar, und immer noch sind zwei leistungsstarke Lokomotiven erforderlich, um sie zu bewältigen. Beide Staatsbahnen hatten, als sie ihre Fährschiffe in Auftrag gaben, ganz ohne Zweifel die Erfahrungen der vorher eröffneten internationalen Fährlinien berücksichtigt. Besondere Anforderungen entstanden durch die bisher längste Trajektstrecke in der Ostsee von 60 sm und die oft sehr rauhe und stürmische See. Die Schiffe sollten den Weg in weniger als 5 Stunden bewältigen und auf jeder Fahrt mehr als 15 Güter- oder 6 D-Zug-Wagen und etwa 1 000 Reisende befördern können.

In Deutschland wurde der Bauauftrag an die Schiffswerft AG »Vulcan« in Stettin-Bredow vergeben. In Stettin liefen am 17. Februar 1909 die DEUTSCHLAND und am 3. April 1909 auch die PREUSSEN vom Stapel. Die Reederei, die Preußisch-Hessische Staatsbahn/Königlich-Preußische Eisenbahndirektion Stettin, konnte ihre Schiffe also rechtzeitig zur Verfügung stellen. Durch erstmalig schneeweißes Aussehen der Fähren sollte der Anspruch auf eine neue Qualität im Nord-Süd-Verkehr nachdrücklich unterstrichen werden. Diesem Anspruch entsprach dann auch die offizielle Eröffnungsfeier. Die Schwedischen Staatsbahnen hatten zwar nur die in England auf der Svan Hunter & Wigham Richardson-Werft Newcastle gebaute DROTTING VICTORIA zur Verfügung, aber das tat der festlichen Stimmung keinen Abbruch.

Beide Partner waren sich durchaus darüber im klaren, daß die neue Fährlinie, die »schwimmende Brücke« von Schweden nach Deutschland, nun die Tore zu einer durchgehenden Eisenbahnverbindung Skandinaviens nach Mittel- und Südosteuropa weit öffnete.

An der ersten Überfahrt am 6. Juli 1909 von Trelleborg nach Saßnitz nahm der schwedische König Gustav V. auf der DROTTNING VICTORIA teil. Auf der Rückfahrt folgte dann der deutsche Kaiser Wilhelm II. dem stolzen Schiff mit einer Yacht, in deren Fahrwasser das schwedische Küstenpanzerschiff OSCAR II und der deutsche Kreuzer HAMBURG den Zug ins erwartungsfrohe Trelleborg eskortierten. Viele Verkehrshistoriker gehen davon aus, daß die Route Trelleborg–Saßnitz der Präsenz beider Staatsoberhäupter den Namen »Königslinie« verdankt. Ob sie aber Recht haben oder jene, die lieber auf den Königsstuhl, dessen weiße Kreidefelsen den von Schweden kommenden Reisenden grüßen, verweisen, sei dahingestellt. Eines ist Tatsache: Die kleinen verträumten Städtchen Trelleborg und Saßnitz wurden zu Toren des Weltverkehrs.

Die am 7. Juli 1909 für den öffentlichen Trajektverkehr freigegebene Fährstrecke entsprach dem Bedarf so gut, daß sie von Reisenden und im Frachtverkehr überraschend schnell angenommen wurde. Die Transportleistungen der Postdampferlinien boten da absolut keinen Vergleichsmaßstab. Allein in den ersten drei Jahren stieg die Beförderungsleistung von 85 100 Personen und 12 770 t auf 129 000 Reisende und fast 130 000 t, also auf 151,6 bzw. 1 021, 0 %.

Ein Jahr nach der Eröffnung setzte Schweden die in Göteborg gebaute Eisenbahnfähre KONUNG GUSTAV V ein, womit die angestrebte Parität bei den Transportmitteln hergestellt war. Gegenüber den Schiffen der Gedser-Warnemünde-Route boten die Fähren zwischen Trelleborg und Saßnitz schon fast die Kapazitäten und Leistungen einer neuen Generation. Sie waren annähernd 114 m lang, 16 m breit, fuhren 17 kn und konnten auf zwei Decksgleisen (nutzbare Länge der Gleise 160 m bzw. 165 m) 16 bis 17 Güter- oder 6 D-Zug-Wagen sowie rund 1 000 Reisende befördern. Nun, unter den Bedingungen einer leistungsfähigen Fährroute –Trelleborg–Saßnitz – und eines entsprechend rasch wachsenden Verkehrsaufkommens, wurde die Verbindung Rügen–Festland zu einem ernsthaften Problem.

Die Trajektanstalt Stralsund–Altefähr, von vorherein eher krämerisch vorsichtig als großzügig konzipiert und kaum mit wesentlichen Kapazitätsreserven ausgestattet, operierte bereits 1887, als der deutsch-schwedische Postvertrag geschlossen und die von Bergen bis Saßnitz verlängerte Lokalbahn folgerichtig in den Rang einer internationalen Strecke erhoben worden war, an den technisch-technologischen Grenzen ihrer Möglichkeiten. Sie war für die Trajektierung von D-Zug-Wagen, geschweige denn Zugteilen, absolut nicht geeignet. Außerdem mußten die Reisenden die Personenwagen ohnehin verlassen und die Überfahrt an Deck oder in den engen Kabinen der kleinen Fähren bewältigen, was den inzwischen zum Standard gewordenen Anforderungen im Reiseverkehr nicht mehr entsprach. Nachdem die Fährlinie zwischen Saßnitz und Trelleborg eröffnet worden war, wurde das Problem immer drängender. Schon zu Beginn der 20er Jahre konnte ihm nicht mehr ausgewichen werden. Sofort flammte die Diskussion um eine feste Verbindung vom Festland nach Rügen wieder auf. Die entsprechende Technik hatte sich in den 30 Jahren seit der Trajekteröffnung erheblich weiterentwickelt. Schließlich gehörten Brücken zu den unabdingbaren Voraussetzungen, damit die Eisenbahn Europa erobern konnte. Trotzdem gaben in Stralsund vorerst die wesentlich höheren Kosten, die aufzuwenden waren, um den Strelasund zu überbrücken, den Ausschlag dafür, die bestehende Fährverbindung nach Rügen zu modernisieren und ihre Leistungsfähigkeit zu steigern. Zwei Aufgaben mußten bewältigt werden:

1. Mit der veränderten Trajektanlage mußte es möglich werden, ganze Zugteile überzusetzen, und zwar ohne daß die Reisenden genötigt waren, die Wagen zu verlassen. Dazu waren erheblich längere Fährschiffe erforderlich, die auch dem wachsendem Güterverkehr sowohl nach Schweden als auch zur Insel Rügen zugute kommen würden.

2. Die Dauer der Überfahrt von Stralsund nach Altefähr sollte ganz wesentlich verkürzt werden.

Das konnte einmal durch höhere Fahrgeschwindigkeiten erreicht werden. Doch die kurze Fährstrecke bot dazu wenig Möglichkeiten. Viel entscheidender mußte es wirken, wenn die umständlichen und zeitraubenden Wendemanöver wegfallen würden. Dies konnte auf den Schiffen durch Bug- und Heckklappen – bereits üblich im Fährverkehr – gesichert werden, bedingte aber für die Anlegemanöver entsprechend konstruierte Antriebs- und Ruderanlagen. Außerdem mußte man die Fahrrinne vertiefen und verbreitern.

Die Probleme und Anforderungen, mit denen sich die Betreiber der Fährlinie in Stralsund auseinandersetzen mußten und die Maßnahmen, die sie letztlich ergriffen, um sie zu bewältigen, verdeutlichen beispielhaft sowohl die Möglichkeiten, die auf traditionell konstruierten Trajektanstalten zur Verfügung standen, als auch die Grenzen und Alternativen.

1897 – zwölf Jahre vor der Eröffnung der »Königslinie« – wurde mit der SASSNITZ, die fast 30 m länger als die PRINZ HEINRICH war (Länge 65 m), eine wesentlich modernere Fähre bei Schichau in Elbing für Stralsund gebaut. Noch wichtiger ist zu bewerten, daß die SASSNITZ ein Schiff mit Bug- und Heckklappe war, dem je zwei Schrauben vorn und hinten und insgesamt 368 kW Antriebsleistung eine höhere Geschwindigkeit und gute Manövriereigenschaften verliehen. Im Jahre 1897 wurde mit dem Umbau der Hafenanlagen begonnen. Noch im gleichen Jahr wurde es möglich, bei jedem Wasserstand D-Zug-Wagen zu trajektieren. Ein zweites Fährbett war entstanden. In den folgenden Jahren hatte sich die Fährlinie zwischen Stralsund und Altefähr als wesentliches, allerdings auch schwächstes Kettenglied des Fährverkehrs nach Rügen und darüber hinaus nach Schweden erwiesen.

Zwischen Ausbau und Stagnation

Der erste Weltkrieg
stoppt die Entwicklung

Auf fast allen im letzten Viertel des 19. Jahrhunderts in Betrieb genommenen Inlandfährlinien hatte sich bereits nach kurzer Zeit gezeigt, daß die vorgesehenen Kapazitäten nicht ausreichten, um den wachsenden Bedarf abzudecken. Nun machten die Eisenbahngesellschaften auf den internationalen Routen die gleichen Erfahrungen.

Die neuen Transportverbindungen ließen die Nachfrage sprunghaft ansteigen. Die Leistungen der früheren Dampferverbindungen erwiesen sich als völlig unzureichend, um daraus den Umfang der zukünftigen Transportanforderungen »hochzurechnen«. So sind die ersten Fährhäfen und -schiffe zwar als technische Meisterleistung, keinesfalls aber als Beleg der wirtschaftlichen Weitsicht ihrer Verkehrsplaner anzusehen. Letztere hatten fast ausnahmslos die »Schubwirkung« der neuen Technologie, den die Eisenbahnfähren im kombinierten Land-See-Land-Transport verwirklichten, erheblich unterschätzt. Lediglich der deutsch-schwedische Fährverkehr zwischen Saßnitz und Trelleborg, der 1909 aufgenommen wurde, machte dabei eine gewisse Ausnahme. Aber auch auf dieser Verbindung stellte sich bald die Frage nach höherer Leistungsfähigkeit.

In erster Linie schränkten die Schiffe, deren Ladevermögen mit der Frachtschiffahrt verglichen nur verhältnismäßig gering ausgelastet werden konnte, die Kapazität der Fährverbindungen ein. Viele Trajekte wurden bereits in den ersten Jahren nach ihrer Inbetriebnahme umgebaut, um somit die nutzbare Gleislänge zu steigern. Trotzdem erwiesen sich die Fährstrecken in Spitzenzeiten bei der Erhöhung der Durchlaßfähigkeit auch weiterhin als Nadelöhr. Oft traten Wartezeiten in den Fährhäfen auf, die die Vorzüge eingesparter Umladungen zunichte machten. Je schneller das Verkehrsaufkommen wuchs, desto schwieriger wurde es, die kurzen Beförderungszeiten, die ja den wesentlichen Vorzug der Eisenbahnbeförderung darstellten, zu sichern. In den Abfahrtshäfen begannen Eisenbahnwagen, die auf ihre Trajektierung warteten, den reibungslosen Betrieb zu stören. Nachdem sie übergesetzt waren, hatten die Eisenbahnverwaltungen die Wahl, entweder Züge mit wenigen Wagen zusammenzustellen oder die Ankunft mehrerer Fähren abzuwarten und damit die Beförderungszeit zugunsten der Auslastungen zu verschlechtern, denn die Zugkraft der eingesetzten Lokomotiven ließ schon längt sehr schwere und lange Züge zu.

Auf zwei Wegen boten sich bei den Transportmitteln grundsätzliche Lösungen an: Einmal konnte die Kapazität der Fährlinien wesentlich vergrößert werden, wenn es gelang, die Fahrgeschwindigkeit der Schiffe zu steigern, zweitens mußte die Konstruktion den Anforderungen der Trajektierung besser angepaßt werden, um das Ladevermögen jedes einzelnen Schiffes zu erhöhen. Die Fähren zwischen Saßnitz und Trelleborg deuteten diese Möglichkeiten zum ersten Mal an. Zwar hätte eine verbesserte Leistungsfähigkeit der Linien auch dadurch erreicht werden können, wenn immer mehr Schiffe eingesetzt worden wären, doch eine solche extensive Ausweitung der Kapazitäten war teuer und mußte in Zeiten geringen Verkehrsaufkommens die Rentabilität ernsthaft gefährden.

Es gibt keinen Zweifel daran, daß die wachsenden Anforderungen geradezu nach neuen Transportmitteln drängten. Die technische Entwicklung, die von der Hochseeschiffahrt bereits konsequent genutzt wurde, bot dazu vielfältige Möglichkeiten. Nachdem mit dem Mehrfachexpansionsprinzip die Leistungen der Kolbendampfmaschinen erheblich ausgedehnt worden waren, öffnete die Dampfturbine den Weg zu höheren Geschwindigkeiten und einer besseren Ausnutzung des Brennstoffes. Bereits 1894 hatte der Brite Parson das erste Dampfturbinenboot gebaut und dabei Erfahrungen verwertet, die schon für den stationären Betrieb vorlagen. Das größte Problem, die hohen Drehzahlen der Turbine in die wesentlich geringeren der Schraube umzuwandeln, wurde 1897 durch eine Mehrfachwelle gelöst, die sich vor allem für die großen Schiffe eignete. 1910 wurde der Turbinenantrieb durch das ebenfalls von Parson konstruierte Getriebe auch für die kleineren Fährschiffe interessant.

Neue leistungsstarke Hebezeuge, teilweise elektrisch angetrieben und mit über 100 Mp Tragkraft, verkürzten die Umschlagzeiten in der Hafenwirtschaft. Hafenbahnen stellten den Anschluß an die Eisenbahn her und auch das Binnenschiffahrtsnetz wurde rasch ausgebaut. Es deutete sich bereits eine zukünftige Arbeitsteilung an, die alle spezifischen Vorzüge der Transportträger erschließen konnte. Doch der erste Weltkrieg unterbrach den friedlichen Handel und die Entwicklung des Fährverkehrs genau zu jenem Zeitpunkt, als die technische Entwicklung im Schiffbau auch für Trajekte hätte nutzbar gemacht werden können.

Anders verlief die Entwicklung des Fährverkehrs über den Ärmelkanal zwischen Großbritannien und Frankreich. Von beiden verbündeten Ländern wurden während des ersten Weltkrieges zwischen Richborough und Calais sowie Southampton und Dieppe Fährrouten eingerichtet, die speziell den Transportbedarf für den gemeinsamen Kampf gegen Deutschland decken sollten. Ähnliche Bedingungen regten auch im Ostseeraum dazu an, über eine »kriegsnotwendige« Fährverbindung nachzudenken, die südlich der Ålandinseln den Bottnischen Meerbusen überquerend, von Hangö das schwedische Nynäshamn erreichen sollte. Von dort hatten die Schwedischen Staatsbahnen bereits eine Anschlußlinie nach Stockholm errichtet und damit auch auf einnahmeträchtige Nachkriegsjahre spekuliert. Vorerst ging es allerdings darum, von Rußland im Austausch gegen Waffen und Munition Lebensmittel zu erhalten, die in Großbritannien und Frankreich dringend benötigt wurden. Diese Pläne sollten allerdings von der Zeit überholt werden.

Eine neue Fährschiffsgeneration

Nach dem Ende des ersten Weltkrieges begann der Fährverkehr zwischen den deutschen, dänischen und schwedischen Fährhäfen sich merklich zu beleben. Auf der Route Gedser–Warnemünde wurden die planmäßigen Fahrten mit den Schiffen des Eröffnungsjahres neu aufgenommen. Jedoch bestand vorerst kein Bedarf an modernen Fahrzeugen, auch hatten die beteiligten Länder keine Möglichkeit, sie schnell einzusetzen. Die Entwicklung der Verkehrsleistungen zwischen Dänemark und Deutschland in der Zeit von 1918 bis 1939 muß differenziert bewertet werden, denn der Frachtverkehr erreichte zu keinem Zeitpunkt die bis 1914/15 ausgewiesenen Trajektierungsleistungen. Die Zahl der beförderten Reisenden übertraf erst ab 1925 die Vorkriegswerte und stieg dann bis zur Weltwirtschaftskrise an. Nach fünf Jahren der Stagnation folgte bis 1939 noch einmal ein kurzer Aufschwung, der im zweiten Weltkrieg verebbte.

Die beiden beteiligten Staatsbahnen–seit dem 30. April 1920 gab es mit der Deutschen Reichsbahn auch in Deutschland ein einheitliches Eisenbahnunternehmen–waren sich zwar der Mängel und technischen Rückständigkeit der immer noch eingesetzten Radfähren bewußt, verschoben ihre dringende Ablösung aber immer wieder. Die Deutsche Reichsbahn, die ja das Erbe der im ersten Weltkrieg technisch verschlissenen und ökonomisch abgewirtschafteten Bahnen hatte übernehmen müssen, sah vorerst keine Möglichkeit, die notwendigen Verbesserungen vorzunehmen. 1922 stellten die Dänischen Staatsbahnen die in Helsingør gebaute Dampffähre DANMARK in Dienst und nahmen gleichzeitig die PRINSESSE ALEXANDRINE aus dem Betrieb.

Gemessen an den Schiffen der »Königslinie« vollzog die DSB lediglich eine Entwicklung nach, die bereits vor dem Krieg das Profil der Trelleborg-Saßnitz-Verbindung geprägt hatte. Die Deutsche Reichsbahn beschränkte sich vorläufig darauf, die Güterfähre MECKLENBURG zu modernisieren. Das Jahr 1926 war dann in mehrfacher Hinsicht eine Zäsur im Fährverkehr zwischen Dänemark und Deutschland in den Jahren zwischen den beiden Weltkriegen. Die Deutsche Reichsbahn stellte mit der SCHWERIN eine Dampffähre in Dienst, die von vielen Kennern als das modernste Trajekt in der Ostsee bis zum zweiten Weltkrieg bezeichnet

Die Durchgangswagen
Kopenhagen–Berlin und
Kopenhagen–Hamburg
werden in Warnemünde
nach Ankunft des
Eisenbahnfährschiffes
SCHWERIN an Land
gezogen.
Quelle: Archiv der
Reichsbahndirektion
Schwerin

Das Eisenbahn- und
Passagierfährschiff
SCHWERIN.
Quelle: Zentrale
Bildstelle der DR

Gleisanlagen auf dem Hochseefährschiff SCHWERIN.
Quelle: Archiv der Rbd Schwerin

1937 wurde in Dänemark die Meerenge zwischen Seeland und Falster überbrückt und damit die Eisenbahnverbindung zwischen Kopenhagen und Gedser wesentlich beschleunigt. Die Fährlinie stellte man ein. Aus
dem Konkurrenzkampf von Brücke und Fähre wurde
das charakteristische Miteinander, das in den folgenden
Jahren in sinnreicher Kombination die Beförderungszeiten verkürzen und das Reisen bequemer und billiger
machen sollte. Das »Rekordjahr 1938/39 mit seinen
200 000 Reisenden war ganz sicher eine Folge dieser
neuen Entwicklung.

Auch auf der Linie Saßnitz–Trelleborg wurde der
Fährverkehr vom ersten Weltkrieg negativ beeinflußt.
Einerseits sank das Verkehrsaufkommen, andererseits
hatte die deutsche Eisenbahnverwaltung ihre beiden
Schiffe an die Kaiserliche Marine übergeben müssen.
Zwar kehrte die PREUSSEN bereits nach kurzer Zeit zu-
rück, trotzdem mußten die schwedischen Fähren die
Hauptlast der allerdings eingeschränkten planmäßigen
Überfahrten tragen.

In dem Umfang, wie sich nach dem Ende des Krieges
Wirtschaft, Produktion und Handel normalisierten,
stiegen auch die Verkehrsleistungen zwischen Deutschland und Schweden wieder an. Auch die festen Anlagen
und Transportmittel des Fährverkehrs der »Königslinie« waren nach den Bestimmungen der Weimarer Ver-
fassung in den Besitz der Deutschen Reichsbahn übergegangen. In den folgenden Jahren erwies sich die Saßnitz-Trelleborg-Route inmitten eines erheblich ge-
schrumpften, unwirtschaftlichen und technisch überal-
terten – nun allerdings einheitlichen – deutschen Eisen-
bahnwesens als ein durchaus solides und auch verhältnismäßig devisenrentables Unternehmen. Nachdem
1919 die DEUTSCHLAND wieder zur Verfügung stand,
funktionierte der gemeinsame Betrieb mit wenigen Ausnahmen reibungslos.

wurde. Daraufhin konnte nun endlich die FRIEDRICH
FRANZ IV ausgemustert werden. Ebenfalls 1926, von der
Öffentlichkeit kaum beachtet, wurde der Fährhafen
Warnemünde modernisiert und für die Bedürfnisse des
Kraftverkehrs umgebaut, so daß die Autos nun auf die
Fähren auffahren konnten. Vorher mußten sie zur Tra-
jektierung extra auf Eisenbahnwagen verladen werden.
Damit begann auch in Warnemünde eine Entwicklung,
die schon bald den Fährverkehr vor neue Aufgaben stel-
len sollte. In der Arbeitsteilung im Landverkehr bean-
spruchte das Kraftfahrzeug einen gleichberechtigten
Platz. Es konnte nicht ausbleiben, daß diesen neuen Bedingungen auch im Verkehr über die Ostsee bald Rechnung zu tragen war.

Fortschritte auf der »Königslinie« –
der Rügendamm

Die »Königslinie« etablierte sich schnell als unverzichtbarer Teil der internationalen europäischen Magistra-
len, die sich schon bald nach Kriegsende herausbildeten.
Sie hat diesen Rang bis in die Gegenwart behauptet.

Natürlich gab es auch Störungen im Trajektverkehr. Als häufigste Ursache behinderte Eisbildung den planmäßigen Fährbetrieb. Im strengen Winter 1924 mußte die Trajektierung am 25. Januar erstmalig völlig eingestellt werden. Drei Wochen lang lagen die PREUSSEN und die DROTTNING VICTORIA nur etwa 30 m voneinander entfernt im meterdicken Packeis fest. Zehn Jahre später blieb die PREUSSEN vor der Küste Rügens im Eis stecken. Die schwedische DROTTNING VICTORIA brachte Kohle, die in Säcken über das Eis hinübergetragen wurde, und einige besonders mutige Reisende wagten den Fußweg übers Eis nach Saßnitz. Am 10. Dezember 1937 strandete die PREUSSEN bei der vor Stubbenkammer gelegenen Teufelsschlucht und konnte erst nach 20 Tagen geborgen werden. Aber solche Zwischenfälle waren die Ausnahme. Über viele Jahrzehnte erwies sich der Fährverkehr Schweden–Deutschland als pünktlich und zuverlässig. Dazu hatte auch der Entschluß beider Staatsbahnen beigetragen, eine speziell als Eisbrecher konstruierte Fähre in Dienst zu stellen. Der Bauauftrag wurde an die Deutschen Werke AG Kiel vergeben und dort unter der Baunummer 225 realisiert. Die Schwedischen Staatsbahnen und die Deutsche Reichsbahn-Gesellschaft (DRG) finanzierten das Projekt gemeinsam

Die schwedische Eisenbahnfähre STARKE.
Quelle: Zentrale Bildstelle der DR.

und hatten sich auf die SJ als zuständigen Reeder verständigt. Mit dem Einsatz der leistungsstarken Dampffähre STARKE, die 22 Güterwagen befördern konnte, war auch bei starkem Eis der planmäßige Betrieb gesichert. Mit der Indienststellung der STARKE reichten die Kapazitäten der Schiffe und auch die der Hafenanlagen in Trel-

Fährschiff RÜGEN, im Hintergrund die Silhouette von Stralsund.   Quelle: Stadtarchiv Stralsund

leborg und Saßnitz aus, um auch weiter steigenden Anforderungen gerecht zu werden.

Die Fährverbindung von Stralsund nach Altefähr erwies sich zunehmend als Ärgernis für komfortbewußte Reisende. Kaum noch erträgliche Verzögerungen auf einer sonst schnellen Verkehrsverbindung und ein immer enger werdendes »Nadelöhr« standen einer weiteren Kapazitätssteigerung im Wege. Mit der Ablösung der SASSNITZ durch die größere und modernere ALTEFÄHR, dem Einsatz der RÜGEN und BERGEN und einer gründlichen, aber im wesentlichen nichts verändernden Rekonstruktion der Hafenanlagen war keine langfristige Lösung zu erreichen. Da auch der Ausflugs- und Bäderverkehr in den Sommermonaten zunahm, konnten die Anforderungen kaum noch bewältigt werden. Ob die täglich 90 Überfahrten, von denen der Chronist stolz für das Jahr 1929 berichtet, nun Ausnahme oder Regelfall waren; fest steht, daß die Sundtrajektlinie förmlich aus den Nähten zu platzen begann. Genau so unbestritten war, daß eine Fährverbindung, und sei es die modernste, bestenfalls eine Zwischenlösung darstellte und nur die Überbrückung des Strelasunds wirklich zukunftsweisend sein konnte. Als gewissermaßen symbolträchtiger letzter Anstoß könnte geltend gemacht werden, daß auch das Vorbild für Stralsund–Altefähr, die Trajektanlage zwischen Fredericia und Strib, 1932 einer Brücke hatte weichen müssen.

Pläne und sogar Projekte für eine feste Verbindung des Festlandes mit der Insel hatte es in der Vergangenheit bereits genügend gegeben. Fast vollständig lagen detaillierte Vorstellungen für eine Kombination von Damm und Brücke aus den Jahren 1913/14 vor, die wegen des ersten Weltkrieges nicht ausgeführt worden waren. Damals hatten sich die Verkehrsplaner nach gründlichen Variantenvergleichen, bei denen unter anderem ein Tunnel und eine Hochbrücke diskutiert worden waren, für die Damm-Brücken-Verbindung entschieden, über die eine zweigleisige Eisenbahnstrecke und an beiden Seiten richtungsweise zu befahrende Straßen führen sollten. Ganz so großzügig konzipierten die Erbauer die Kapazität nicht, als sie 1932 begannen, den Rügendamm zu errichten. Die Schiene-Straße-Verbindung nach Rügen wurde über die im Strelasund gelegene Insel, den Dänholm, geführt. Der in Stralsund beginnende Damm wird noch vor dem Dänholm durch die Ziegelgrabenbrücke unterbrochen. Das beeindruckende Bauwerk

mit seiner 29 m langen Klappbrücke für Schiene und Straße läßt sich in nur zwei Minuten öffnen, um Seeschiffen Durchlaß zu gewähren.

Damit wählte man eine Brückenvariante, die, anders als bei der etwa zur gleichen Zeit im Bau befindlichen dänischen Storstrømsbrücke, für die Schiffspassage geöffnet werden muß. Dies kann natürlich nur dann erfolgen, wenn auf Schiene und Straße der Verkehr unterbrochen wird. Wegen der dichten Zugfolge wurden im Fahrplan entsprechende planmäßige Öffnungszeiten eingearbeitet. Vom Dänholm nach Rügen verlaufen Eisenbahnstrecke und Straße über eine 540 m lange Brücke. Die 54 m breiten Pfeilerabstände und eine lichte Höhe von 8 m bei mittlerem Wasserstand gewähren kleineren Schiffen zu jeder Zeit ungehinderte Durchfahrt.

Die Damm-Brücken-Verbindung nach Rügen stellte ganz ohne Zweifel gegenüber der Fährverbindung einen ganz entscheidenden Fortschritt dar. Aber gemessen an den zukünftigen Entwicklungen muß die nur eingleisige Strecke als kapazitiver Mangel bezeichnet werden. Vorerst genügte es jedoch, die neuen Bahnhöfe Stralsund-Rügendamm und Altefähr möglichst dicht an die Brücke zu rücken und damit den Zugfolgeabschnitt extrem kurz und die Durchlaßfähigkeit möglichst hoch zu halten. Am 5. Oktober 1936 wurde der Rügendamm – so die allgemein übliche Bezeichnung für die gesamte Verbindung – für den Verkehr freigegeben. Nun endlich war die Verbindung Schwedens über Trelleborg–Saßnitz nach Europa wirklich schnell, bequem und modern geworden. In den Jahren nach der Eröffnung des Rügendamms nahm die Leistung über die »Königslinie« kontinuierlich zu. Noch waren ihre Möglichkeiten bei weitem nicht ausgeschöpft, als der Beginn des zweiten Weltkrieges alle Hoffnungen auf eine weitere gedeihliche Entwicklung jäh zerstörte.

Die DEUTSCHLAND wurde von ihrer Fährroute abgezogen. Im Aussehen völlig verändert und auf den neuen Namen STRALSUND umgetauft, ankerte sie in Le Havre, bereit, deutsche Truppen zur Invasion nach Großbritannien überzusetzen. Erst nachdem das Unternehmen »Seelöwe« gescheitert war, kehrte die Fähre – erneut umgerüstet und umbenannt – noch einmal auf ihre Stammlinie zurück. Für kurze Zeit fuhren wieder fünf Schiffe zwischen Saßnitz und Trelleborg. Aber bereits im Februar 1942 lief die STARKE, die vor Saßnitz Eis brach, auf eine Mine und sank. Sie wurde zwar ein Jahr später gehoben, aber die Schäden waren so umfangreich, daß das Schiff bis zum Kriegsende nicht mehr eingesetzt werden konnte. Im Herbst des gleichen Jahres wurde die DEUTSCHLAND von einem Torpedo getroffen. Sie war nach einer Notreparatur erst im Frühjahr 1943 wieder begrenzt einsetzbar. So mußten die PREUSSEN, die DROTTNING VICTORIA und die KONUNG GUSTAV V die Mehrzahl der Überfahrten bewältigen. Personen wurden zu dieser Zeit nicht mehr befördert, denn bereits 1942 war der Reiseverkehr eingestellt worden. Im Güterverkehr versuchte Deutschland einen Teil des kriegswichtigen Bedarfs, besonders an Erzen, aus dem sich neutral verhaltenden Königreich Schweden zu decken.

Die Fährschiffahrt über die Ostsee war zu einem gefährlichen Risiko für Mannschaften und Schiffe geworden. Die schwedischen Staatsbahnen hatten ihre Fahrzeuge mit magnetischen Eisenschutzanlagen gegen die Minengefahr ausgestattet. Trotzdem kommt es einem Wunder gleich, daß beide Schiffe die gefährlichen Überfahrten unbeschadet überstanden haben. Im September 1944 verbot die Regierung Schwedens deutschen Schiffen, schwedische Häfen anzulaufen. Damit fand die Entwicklung der wirtschaftlich so erfolgreichen, technisch in vielen Fragen wegweisenden »Königslinie«, ihr vorläufiges Ende.

Neuer Anfang
nach dem zweiten Weltkrieg

Der zweite Weltkrieg hatte den Fährverkehr von Deutschland nach Dänemark erst relativ spät gänzlich unterbrochen. Fahrten zwischen Warnemünde und Gedser fanden, da Dänemark bis Kriegsende von deutschen Truppen besetzt war, noch bis zum 1. Mai 1945 statt. Die Entwicklung war jedoch nicht nur auf dem Vorkriegsstand stehengeblieben, sondern um Jahre zurückgeworfen worden. Das einstmals modernste Schiff auf der Ostsee, die SCHWERIN, konnte nach schweren Bombentreffern im Februar 1944 nicht mehr eingesetzt werden und die MECKLENBURG, wie auch die deutschen Schiffe der »Königslinie«, wurden als Reparationslieferungen an die Sowjetunion übergeben.

Allerdings bestand nach Kriegsende auch kein Bedarf nach ständigen Transportlinien zwischen der damaligen sowjetisch besetzten Zone Deutschlands und Dänemark. Mit gewaltigen Anstrengungen mußten erstmal die dringenden Fragen bei der Ernährung und notdürftigen Unterbringung der Bevölkerung gelöst werden, bevor man an internationalen Handel, Güter- und Reiseverkehr denken konnte. Die Bedingungen des »kalten Krieges« trugen ebenfalls nicht dazu bei, die Entwicklung friedlichen Handels zu fördern. Erst am 10. Mai 1947 nahmen die Dänischen Staatsbahnen mit der DANMARK den Verkehr zwischen Gedser und Warnemünde wieder auf.

Allerdings handelte es sich dabei mehr um eine Art Behelfsbetrieb als um eine tatsächliche Wiedereröffnung. Dazu trug schon die Tatsache bei, daß sich der Bedarf nur sehr zögernd entwickelte und nicht einmal die Kapazitäten des einen zur Verfügung stehenden Fährschiffes auslastete. Fast zehn Jahre lang fristete die traditionelle Gedser-Warnemünde-Linie mit nicht einmal einer Überfahrt pro Tag ein kümmerliches Dasein.

Zu dieser Zeit wurde im Sog derselben politischen und wirtschaftlichen Realitäten, die den Verkehr zwischen Dänemark und der DDR überschatteten, die Route Großenbrode-Kai–Gedser am 16. Juli 1951 eröffnet und bezeichnenderweise mit der DANMARK besetzt. Sie wurde sehr bald zum Rückgrat des dänischen Europaverkehrs im Ostseeraum, und die Linie Gedser-Warnemünde sank vorerst zu einer bedeutungslosen Fährschiffslinie herab.

Die Deutsche Reichsbahn war aus finanziellen und materiellen Ursachen lange Zeit nicht in der Lage, sich aktiv am Ausbau der Linie nach Gedser zu beteiligen. Aus verständlichen Gründen wurde dann dem Saßnitz-Verkehr nach Schweden Priorität eingeräumt. Diese Haltung förderte jedoch die Alternativlinie über den Fehmarnsund und veränderte traditionelle Verkehrsströme. Allerdings konnte auch die prosperierende Linie von Gedser nach Großenbrode nicht darüber hinwegtäuschen, daß ohne eine schnelle Verbindung von Dänemark nach Ost- und Südosteuropa eine empfindliche Lücke im Verkehrssystem der Ostsee bestand.

Die im Sommer 1960 für kurze Zeit im Reiseverkehr nach Gedser von der Deutschen Reichsbahn gecharterten Küstenfahrgastschiffe SEEBAD WARNEMÜNDE und SEEBAD AHLBECK konnten natürlich diese Lücke nicht schließen und mußten angesichts der modernen Großfähren im Verkehr Dänemarks mit der BRD auch antiquiert wirken. 1962 wurde durch einen Staatsvertrag zwischen der DDR und Dänemark der gemeinsame Ausbau der Fährlinie vereinbart.

1963 stellte die Deutsche Reichsbahn mit der WARNEMÜNDE ihren zweiten Fährschiffsneubau für die Linie nach Dänemark bereit. Wie die folgende Leistungsentwicklung trotz der inzwischen fertiggestellten und höchst attraktiven »Vogelfluglinie« bewies, sicherte sie so eine notwendige Verbindung und sich selbst einen berechtigten Platz im dänischen Verkehr zum Festland. Dabei darf nicht übersehen werden, daß für den durchgehenden Eisenbahnverkehr in den Süden Europas mit der Hafenabfuhrstrecke Rostock–Berlin, die 1957 eröffnet wurde, erst wirklich »Transitniveau« durchgängig erreicht werden konnte. Noch mehr trifft diese Feststellung für den Pkw-Individual- und Lkw-Frachtverkehr zu. Der Autobahnanschluß Rostocks an Berlin hat hier wichtige Voraussetzungen geschaffen.

Triebwagen beim Verlassen des Eisenbahnfährschiffes WARNEMÜNDE.

Quelle: Zentrale Bildstelle der DR

Die »Königslinie« im neuen Glanz

Nach Beendigung des zweiten Weltkrieges war die sofortige Wiederaufnahme des Fährverkehrs zwischen Saßnitz und Trelleborg unmöglich, da hierfür keinerlei materielle Voraussetzungen bestanden. Beide Fährschiffe der Deutschen Reichsbahn wurden im Rahmen der zu erbringenden Reparationsleistungen an die Sowjetunion übergeben. Der Bombenangriff im Frühjahr 1945 auf den Fährhafen Saßnitz war von solcher Heftigkeit, daß sowohl die Anlagen des Fährbahnhofs, aber auch die des Hafens zum größten Teil völlig zerstört waren; aufgerissene Gleise, beschädigte Weichen und Hochbauten und demolierte Wagen kennzeichneten den chaotischen Zustand auf dem Bahnhof. Die Ostmole wies mehrere Lücken auf, im Fährbett lag ein Schiffswrack, die ehemalige ROBERT MÖHRING, die Reede vor Saßnitz war mit der gesunkenen HAMBURG belegt. Aber auch die für die durchgehende Fährverbindung so wichtige, erst vor wenigen Jahren entstandene feste Verbindung zwischen der Insel Rügen und dem Festland, der Rügendamm, wurde noch in den letzten Kriegstagen gesprengt. Ein Überbau und der Klappenteil der Ziegelgrabenbrücke und zwei Überbauten der Brücke über den Strelasund waren total zerstört.

Die schwedische Seite war nach Beendigung des Krieges an einer Wiederaufnahme des Fährverkehrs interessiert. Ihr standen nach der umfangreichen Reparatur und der Vergrößerung der Ladefähigkeit der STARKE drei Schiffe zur Verfügung. Da die Voraussetzungen für den Fährdienst zwischen Saßnitz und Trelleborg noch nicht gegeben waren, wich die schwedische Staatsbahn mit ihren Schiffen auf die neue Linie Trelleborg – Warnemünde aus. Aber auch in Warnemünde mußten für die Be- und Entladung der Eisenbahnwagen die Vorbedingungen geschaffen werden, da die Schiffe der »Königslinie« nur über Einrichtungen zur Heckverladung verfügten. Das Interesse Schwedens, den Fährverkehr über die traditionelle und entschieden kürzere Route neu zu beleben, bestand weiterhin. In Saßnitz begann man in mühevoller Arbeit, die landseitigen Anlagen so herzurichten, daß der Fährverkehr wieder aufgenommen werden konnte. Im Winter 1945/46 wurde zunächst behelfsmäßig die Straßenbrücke über den Strelasund und am 11. Oktober 1947 nach fünf Monaten Bauzeit die

Eisenbahnverbindung über den Rügendamm neu errichtet. Damit waren die wesentlichen verkehrstechnischen Voraussetzungen für den Fährverkehr über die Königsroute gegeben. Am 10. März 1948 konnte nach Abschluß eines Abkommens zwischen der Transportabteilung der Sowjetischen Militäradministration und den Staatsbahnen Schwedens der Fährverkehr zwischen Trelleborg und Saßnitz mit den schwedischen Fährschiffen DROTTNING VICTORIA, KONUNG GUSTAV V und STARKE wieder aufgenommen werden. Die KONUNG GUSTAV V war das erste Fährschiff, das nach fast vierjähriger Unterbrechung des Fährverkehrs den Hafen Saßnitz anlief. Die folgenden Jahre brachten jedoch noch nicht das erwartete Verkehrsaufkommen. Diese Tatsache bewog die Schwedischen Staatsbahnen, ihre Schiffe auf rentableren Routen einzusetzen. So wurden 1952/53 wieder Warnemünde, aber auch Travemünde und Swinoujscie, angelaufen bzw. kurzzeitig die Schiffe zwischen Malmö und Kopenhagen (Tuborghaven) eingesetzt. Nachdem die Behelfszustände in Saßnitz und am Rügendamm beseitigt und damit verkehrstechnisch der Normalzustand dieser Anlagen erreicht wurde, kehrten die drei schwedischen Schiffe auf ihre Heimatroute zurück.

In den Folgejahren stiegen die Leistungen im Fährverkehr rapide an. So wurden bereits 1955 die höchsten Leistungen der Vorkriegsjahre im Gütertransport mit 427 kt (1939: 343 kt) weit überschritten. Diese rasche Leistungsentwicklung war vor allem auf die nach dem zweiten Weltkrieg verstärkten Handelsbeziehungen zwischen Nord- und Südeuropa und auf die guten Leistungen im Fährdienst und im Transitverkehr der Deutschen Reichsbahn zurückzuführen. Der Transportbedarf überschritt trotz der auf den schwedischen Schiffen vorgenommenen Modernisierungsmaßnahmen sehr schnell die vorhandenen Kapazitätsgrenzen. Aus diesem Grund kamen beide Seiten überein, mit dem Einsatz von entschieden größeren Fährschiffen, der sogenannten zweiten Generation, diese Diskrepanz schnellstens zu beseitigen. Die Fährschiffe sollten so ausgelegt sein, daß mit vier nebeneinanderliegenden Gleisen, ausreichender Passagierkapazität und einer besonderen Pkw-Garage allen Anforderungen entsprochen werden konnte. Zusätzlich war der Einsatz der alten Fährschiffe bei hohem Verkehrsaufkommen vorgesehen.

Voraussetzung für den Einsatz der Großfähren war

Fünfwegeweiche im Fährbett vom Hafen Saßnitz.
Quelle: Zentrale Bildstelle der DR

der Um- und Ausbau beider Fährhäfen. 1957 fand in Saßnitz der den Abmessungen der neuen Schiffe entsprechende Ausbau des Fährbettes I statt. Eine ingenieurtechnische Spitzenleistung stellte der Einbau einer Fünfwegeweiche auf der Fährbrücke dar. Das Fährbecken II wurde in den früheren Abmessungen belassen, um bei erforderlichem Einsatz der alten Fährschiffe über eine funktionstüchtige Anlage zu verfügen. Am 25. April 1958 lief das damals größte Fährschiff der Schwedischen Staatsbahnen, die TRELLEBORG, zum ersten Mal den Saßnitzer Hafen an. Ein eindrucksvolles Bild bot sich, als das Schiff im neuen Fährbett anlegte und eine „endlose Schlange" Eisenbahnwagen aus dem Schiffsleib herausgezogen wurde. Anläßlich des 50jährigen Be-

Der Saßnitzer Fährbahnhof.
Quelle: Zentrale Bildstelle der DR

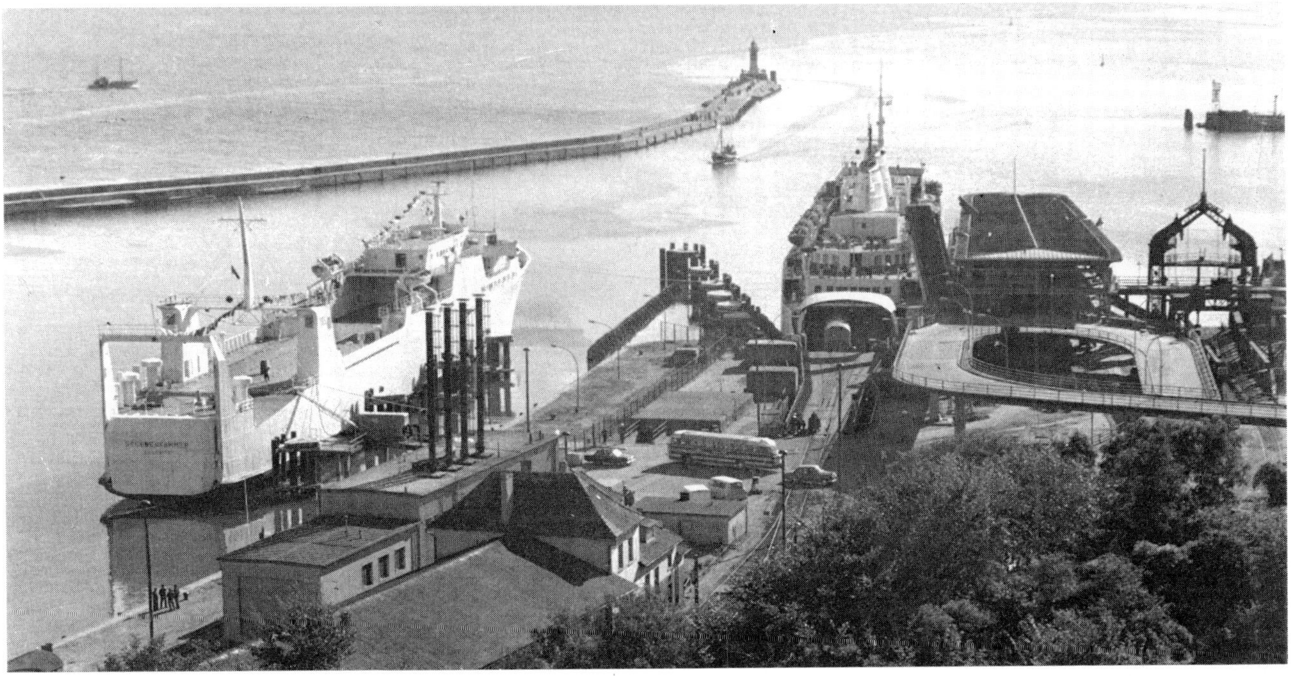

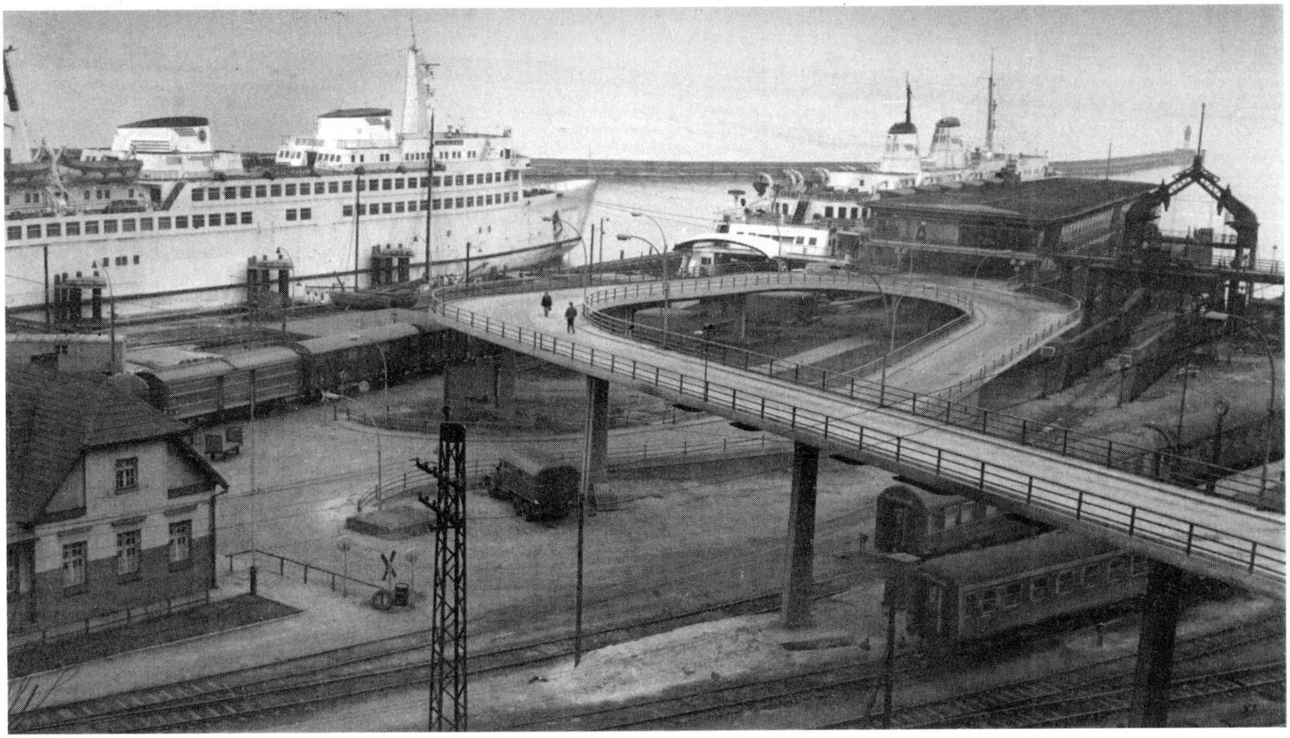

stehens der Fährroute lief ein Jahr später das auf der Neptunwerft in Rostock gebaute Eisenbahnfährschiff SASSNITZ zu seiner Jungfernfahrt von Saßnitz nach Trelleborg aus. Damit beteiligte sich die Deutsche Reichsbahn wieder aktiv am Trajektverkehr zwischem dem Kontinent und Skandinavien. Mit dem 1959 fertiggestellten Landtrakt am Fährbett und der sich anschließenden eleganten spiralförmigen Zugangs- und Abgangsbrücke für Passagiere und Fahrzeuge war ein imposantes Bauwerk entstanden, das noch heute den Reisenden beeindruckt. Beide Fährschiffe stimmten in technischen und kapazitativen Parametern annähernd überein; nur an der Anzahl der Schornsteine unterschieden sie sich im äußeren Bild. Während die SASSNITZ mit ihren zwei Schornsteinen einer alten Tradition folgte, war die TRELLEBORG nur mit einem Schornstein ausgerüstet.

Die beiden leistungsfähigen Großfähren wirkten wie ein Magnet auf die Transportkunden. Der Mitte der 50er Jahre einsetzende Boom stabilisierte sich zu einem Dauertrend, so daß in Spitzenzeiten der Transportbedarf nur unter Einbeziehung der Reserveschiffe befriedigt werden konnte. Bereits 1962 wurde im Gütertransport mit 1 260 kt die Millionengrenze überschritten. Im gleichen Jahr erhielt die SASSNITZ zur Verbesserung der Manövrierfähigkeit Verstellpropeller, wodurch insbesondere bei unterschiedlichen Wasserständen die Einfahrt in die Fährbecken wesentlich unkomplizierter wurde.

Ab 1963 bis zum Jahre 1972 konnte im Winterfahrplan ein weiteres neues Fährschiff, die WARNEMÜNDE, eingesetzt werden. Dieses eigens für die Fährlinie Warnemünde – Gedser gebaute Schiff mußte vor dem Einsatz auf der »Königslinie« den Verhältnissen der Fährbecken in Saßnitz und Trelleborg angepaßt werden. Die größere Breite dieser Fährbecken erforderte den zusätzlichen Einbau hydraulisch ausfahrbarer Scheuerleisten auf der WARNEMÜNDE. In den 60er Jahren stiegen die Verkehrsleistungen weiter an. Um allen Anforderungen gerecht zu werden, war eine erneute Aufstokkung der Kapazitäten unumgänglich. Es reiften Pläne heran, diesem Verkehrsbedürfnis mit Fährschiffen noch größeren Ausmaßes gerecht zu werden. Am 14. Januar 1967 lege in Saßnitz das neue Flaggschiff der Schwedischen Staatsbahnen, die SKÅNE, an. Das besondere Deck für Lastkraftwagen, Sattelschlepper und Pkw auf die-

sem Fährschiff dritter Generation bewährte sich technologisch gut und wurde zum Vorbild für weitere zum Einsatz kommende Schiffe. In besonderen Verkehrsspitzen setzten die Schwedischen Staatsbahnen einen weiteren Neubau, die DROTTNINGEN, als »Gast« auf der Saßnitz-Trelleborg-Linie ein. In den Jahren von 1968 bis 1972 wurde das weiter ansteigende Verkehrsaufkommen jedoch vor allem mit den Schiffen SKÅNE, SASSNITZ und den Reserveschiffen TRELLEBORG und WARNEMÜNDE bewältigt. Die Inbetriebnahme der neuen Fährschiffskapazitäten bedeutete gleichzeitig die Außerdienststellung der DROTTNING VICTORIA und der KONUNG GUSTAV V (1968) sowie der STARKE (1972).

Für die Deutsche Reichsbahn ergab sich 1971 die Gelegenheit, von einer norwegischen Werft ein ursprünglich nicht für den Fährverkehr vorgesehenes Schiff zu erwerben. Vor seinem Stapellauf ließ es die Stena-Line AB Göteborg um 18 m verlängern und für den Fährverkehr herrichten. Unter dem Namen STUBBENKAMMER nahm es am 26. September 1971 den Dienst auf der Königsroute auf. Es zeigte sich jedoch, daß dieses Schiff bei höheren Windstärken sehr instabil war und deshalb bei Sturm oft nicht auslaufen konnte. Erst nach dem Einbau von Schlingerhochtanks wurde ein ständiger Einsatz möglich und somit die volle Kapazität nutzbar. Mit den neuen Trajekten konnte dem weiter steigenden Transportbedürfnis weitgehend entsprochen werden. 1970 überschritt der Gütertransport die Zweimillionengrenze (2 168 kt). Die Route Trelleborg – Saßnitz hatte ihre Vormachtstellung im Eisenbahngüterverkehr weiter ausgebaut. Die Leistungsfähigkeit und das hohe Niveau wirkten anziehend. Immer mehr Transportkunden bevorzugten diese Trajektlinie mit dem technologisch ausgezeichnet angebundenen Vor- und Nachlauf bei den Eisenbahnen. Die Deutsche Reichsbahn entsprach diesem erhöhten Trajektbedarf und gab bei der Neptunwerft Rostock den Bau einer Großfähre in Auftrag. Schon im September 1972 konnte die kombinierte Eisenbahn-, Auto- und Personenfähre RÜGEN, ein Schiff der dritten Generation, in Dienst gestellt werden. Mit der Inbetriebnahme der größten Fähre der Deutschen Reichsbahn wurde ein merklicher Kapazitätssprung auf der Linie Saßnitz – Trelleborg erreicht, denn nun waren drei leistungsfähige Fährschiffe, die SKÅNE, die STUBBENKAMMER und die RÜGEN, ständig und als Reserveschiff die TRELLEBORG und die SASSNITZ im Einsatz. Aber nicht nur die größere Anzahl und die höhere Ladefähigkeit der Schiffe wirkten sich leistungssteigernd aus; die bedeutend kürzeren Fahrzeiten ermöglichten auch eine weitere Verdichtung des Segelplanes und damit eine Vergrößerung des Transportvolumens.

Aber auch der Einsatz dieser Schiffe genügte nur eine kurze Zeit dem weiter ansteigenden Transportbedarf. Diese Tatsache veranlaßte die Schwedische Staatsbahnen, auf einer dänischen Werft ein noch leistungsfähigeres Schiff in Auftrag zu geben. So konnte bereits ein halbes Jahr nach der Indienststellung der RÜGEN die GÖTALAND den Fährverkehr zwischen Saßnitz und Trelleborg aufnehmen. Hierbei handelte es sich um eine Fähre, die ausschließlich für den Transport von Eisenbahnwagen und Lastkraftwagen vorgesehen war. Aber damit nicht genug – wenige Monate danach nahmen die Schwedischen Staatsbahnen das Schwesterschiff, die SVEALAND, von einer Fremddreederei für acht Jahre unter Vertrag. Damit kamen zwei sogenannte „Jumbo-Fähren", Fährschiffe der vierten Generation, zum Einsatz. Beide Fährschiffe können auf fünf Gleisen 45 Eisenbahnwagen und auf einem besonderen Deck 18 Lkw befördern. Dies war durch ihre größere Breite möglich, welche jedoch den Umbau der Fährbecken in beiden Häfen erforderte. Die Rekonstruktion wurde im Juli 1977 in Saßnitz abgeschlossen, nachdem zuvor die erforderlichen Veränderungen in Trelleborg vorgenommen wurden. Mit

den nun ab 1973 zur Verfügung stehenden Trajektkapazitäten war ein weiterer bedeutsamer Anstieg der Verkehrsleistungen möglich. So überschritt bereits 1974 der Gütertransport die Dreimillionengrenze und erreichte 1975 3 149 713 t.

Im Juli 1977 gab es auf der »Königslinie« einen weiteren Kapazitätszuwachs: Die Deutsche Reichsbahn stellte ihr auf einer norwegischen Werft nach dem Vorbild der beiden schwedischen „Jumbo-Fähren" größtes Eisenbahnfährschiff, die ROSTOCK, für den regelmäßigen Trajektverkehr in Dienst. Damit war auch die Parität zwischen beiden Eisenbahnverwaltungen wieder hergestellt. Mit einem Ladevermögen von 49 Eisenbahnwagen und 20 Lastkraftwagen übertraf sie sogar noch die SVEALAND und GÖTALAND und glich damit das etwas geringere Leistungsvermögen der RÜGEN aus. Mit den nun ständig verkehrenden Schiffen SKÅNE, SVEALAND, RÜGEN und ROSTOCK und den Reserveschiffen GÖTALAND und SASSNITZ stand über Jahre ein ausreichendes Kapazitätsangebot auf dieser Trajektlinie zur Verfügung. Die TRELLEBORG wurde mit dem Einsatz der beiden schwedischen Großfähren von der Saßnitz-Trelleborg-Linie abgezogen und auch die STUBBENKAMMER fand, nachdem die Deutsche Reichsbahn sie an den VEB Deutfracht-Seereederei Rostock vercharterte, ein anderes Aufgaben- und Einsatzgebiet. Auch die SASSNITZ kam in verkehrsarmen Zeiten anderweitig zum Einsatz. So ver-

Die Eisenbahnfährschiffe ROSTOCK und SKÅNE im Fährhafen von Saßnitz   Quelle: Zentrale Bildstelle der DR

kehrte sie ab 1978 in den Sommermonaten wöchentlich mit zwei Fahrten zwischen Saßnitz und Rönne auf der Insel Bornholm für Motortouristen mit Personenkraftwagen und Omnibussen und auch für Eisenbahn-/Schiffsreisende.

Der auch im Fährverkehr einsetzende Wettbewerb zwischen den alten und neuen Fährlinien, der sich insbesondere auf kommerziellem Gebiet, aber auch auf im Bereich der Leistungsfähigkeit und dem Service im Trajektverkehr und dem Vor- und Nachlauf auf Straße oder Schiene abspielte, veranlaßte beide Eisenbahnverwaltungen, den anspruchsvollen Wünschen der Kunden nicht nur mit der Vorhaltung moderner und leistungsfähiger Fährschiffe zu entsprechen. Auch durch ein Angebot vielfältiger Serviceleistungen wurde versucht, den Kundenkreis zu erhalten und zu erweitern.

So konnte im September 1978 probeweise der Trailerverkehr zwischen Saßnitz und Trelleborg aufgenommen werden. Diese neue Beförderungsart entsprach den Kundenwünschen, wie der rapide Anstieg trajektierter Trailer beweist. So wurden bereits 1980 auf dieser Linie 3000 Trailer über die Ostsee transportiert. Die Trailer (Satteisauflieger), von den skandinavischen Spediteuren mit ihren Zugmaschinen bis Trelleborg gefahren, werden von einer Stauereifirma mit dem Tugmaster auf das Kraftfahrzeugdeck der Fährschiffe gezogen. In Saßnitz übernimmt die Deutsche Reichsbahn die Entladung und das VE Kombinat Deutrans transportiert die Trailer weiter zum Bestimmungsort. Mit mindestens sieben Abfahrten täglich wurde erreicht, daß die geringen Wartezeiten kaum Einfluß auf die Gesamtreisezeit hatten. Die Vorteile dieser kombinierten Güterbeförderung sind eindeutig: hohe Auslastung der Trailer und Zugmaschinen bei geringen Trajektierungskosten.

Zum 70. Jubiläum des Bestehens der Fährlinie kündigten die Schwedischen Staatsbahnen an, das bis dahin größte kombinierte Eisenbahn-Kraftfahrzeug-Passagierschiff der Welt zum Einsatz zu bringen. Sie beauftragten die Öresundwerft in Landskrona mit der Projektierung und dem Bau dieses imposanten Schiffes. Im Mai 1981 lief die neue TRELLEBORG vom Stapel, um ein Jahr später zum Einsatz zu kommen. 55 Güterwagen und auf einem besonderen Deck 18 Lastkraftwagen mit Hänger bzw. Sattelschlepper mit Aufleger und 800 Fahrgäste können gleichzeitig mit diesem modernen Schiff die Ostsee überqueren.

Parallel zu den vermehrten Trajektkapazitäten unternahm die Deutsche Reichsbahn Maßnahmen zur Erhöhung der Streckendurchlaßfähigkeit auf der „Fähr-Magistrale". So wurde die Strecke auf der Insel Rügen sowie die Strecke Stralsund – Pasewalk – Berlin zweigleisig ausgebaut und elektrifiziert.

Die „Vogelfluglinie"

Obwohl die traditionellen Fährrouten über die Ostsee von Gedser nach Warnemünde und Trelleborg – Saßnitz als erste nach dem zweiten Weltkrieg wiedereröffnet worden waren und von Polen aus inzwischen eine Linie Gdynia/Swinoujscie nach Trelleborg betrieben wurde, gab es bald Pläne für neue Fährverbindungen zwischen den dänischen Inseln und westlichen Ostseehäfen. Der Gedanke war jedoch durchaus nicht neu. Immer wieder hatten Verkehrsplaner über einen solchen Anschluß Skandinaviens an Europa diskutiert. Besonderen Auftrieb erhielten sie 1937, als die Storstrømsbrücke dem

Seitenansicht der TRELLEBORG, die 1981 vom Stapel lief.

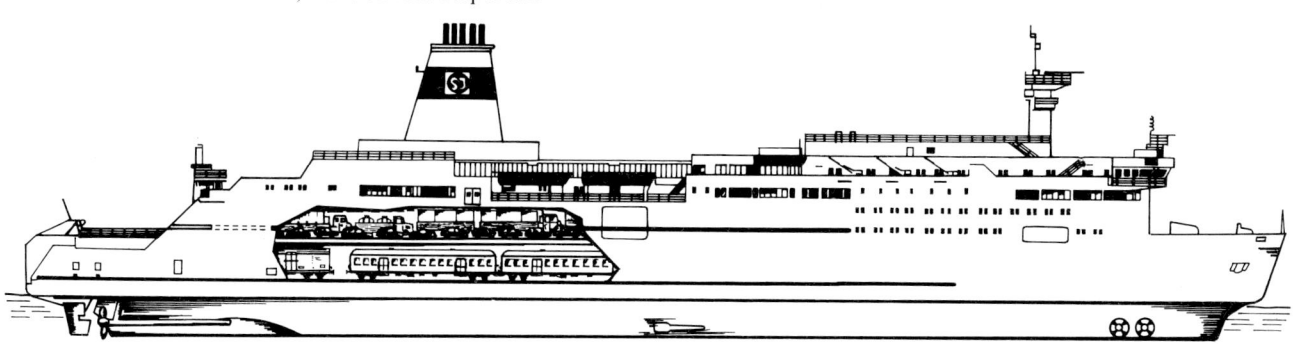

Verkehr übergeben wurde und damit die Eisenbahnfahrt zwischen Sjaeland und Falster ganz bedeutend verkürzt werden konnte. Als sie dem Verkehr übergeben wurde, war die Storstrømsbrücke die längste Brücke Europas. Ihre Durchfahrthöhe von 28 m gestattete auch großen Schiffen, sie ungehindert zu passieren.

1941 begannen fast gleichzeitig Erd- und Brückenbauarbeiten auf deutscher und dänischer Seite, die die landseitigen Voraussetzungen schaffen sollten, um Reisende, Eisenbahnwagen und Kraftfahrzeuge zwischen Puttgarden und Rødby trajektieren zu können. Eine solche Verbindung sollte vom Festland über den Fehmarnsund zur gleichnamigen Insel, dann über den Fehmarnbelt zur dänischen Insel Lolland und von dort über Brücken nach Falster und Sjaelland führen. Sie folgte also einem Weg, den auch die Zugvögel alljährlich wählen und ist deshalb allgemein als „Vogelfluglinie" bekannt geworden. Damit konnte der Verkehr von Nordeuropa zum Westen des Kontinents und zur Pyrenäen- und Apenninenhalbinsel beträchtlich beschleunigt werden.

Der Belt zwischen Fehmarn und Lolland ist nur 19 km (10,2 sm) breit und damit die kürzeste Entfernung zwischen den großen dänischen Inseln und dem Festland. Um die „Vogelfluglinie" zu verwirklichen und attraktiv zu machen, war allerdings der Fehmarnsund zu überbrücken. Obwohl der zweite Weltkrieg alle Bauarbeiten und Planungen unterbrach, blieb der Vorzug der „Vogelfluglinie" für den Verkehr von Nord- nach Westeuropa unbestritten.

Nach dem Ende des zweiten Weltkrieges wollte man,

durch die politischen Verhältnisse der Nachkriegsjahre unterstützt, die »Vogelfluglinie« realisieren. Das scheiterte vorerst allerdings daran, daß die Bundesrepublik Deutschland nicht in der Lage war, die veranschlagten 210 Millionen DM – etwa 70 % der Gesamtsumme – aufzubringen. Eine Ersatzlösung wurde notwendig, denn der rasch wachsende Transportbedarf rechtfertigte mit Blick auf das angestrebte Ziel sogar ein Provisorium. Natürlich ging es auch darum, zur traditionellen Gedser-Warnemünde-Linie schnell eine Alternative zu finden. Dänemark stellte als Trajekthafen Gedser zur Verfügung. Auf deutscher Seite fiel die Wahl auf Großenbrode, einem Festlandhafen am Fehmarnsund, von dem aus die kleinen Eisenbahnfähren der Deutschen Bundesbahn (DB) zur gegenüberliegenden Insel ablegen konnten. Für den internationalen Fährverkehr war es noch wesentlich bedeutsamer, daß die für die deutsche Luftwaffe im zweiten Weltkrieg in Großenbrode errichteten Hafenanlagen in wenigen Monaten für die Anforderungen der Trajektierung umgebaut werden konnten. Auf der am 16. Juli 1951 eröffneten neuen Fährlinie kamen allerdings vorerst nur dänische Schiffe zum Einsatz, denn die Deutsche Bundesbahn verfügte nicht über eigene Hochseefährschiffe. In den ersten Monaten nach der Eröffnung der Linie fuhr die DANMARK täglich von Gedser nach Großenbrode und versah außerdem den Dienst auf der Warnemünde-Route. 1953 kam dann die DRONNING INGRID (Baujahr 1951) hinzu, die vorher im Großen Belt eingesetzt war.

Obwohl die Fährroute Großenbrode – Gedser bei weitem nicht die Vorteile der »Vogelfluglinie« bot – im merhin war die Fährstrecke 69 km lang und die Überfahrt dauerte drei Stunden – rentierte sich das Unternehmen. Vor allen Dingen im Passagierverkehr und bald auch bei der Trajektierung von Kraftfahrzeugen stiegen die Beförderungsleistungen schnell an. Diese Erfolge bewogen die Deutsche Bundesbahn, ihre erste Hochseefähre bei den Kieler Howaldtswerken Deutsche Werft AG, Kiel, in Auftrag zu geben. Sie lief am 21. Februar 1953 vom Stapel, erhielt den Namen DEUTSCHLAND und verließ am 19. Mai 1953 Großenbrode zur Jungfernfahrt nach Gedser. Die Deutsche Bundesbahn hatte sowohl neue Erkenntnisse der Trajektkonstruktion als auch ein hohes Maß an Komfort beim Bau der Eisenbahnfähre verwirklicht. Neben umfangreichen Betreuungseinrichtungen seien zwölf Zweibettkabinen

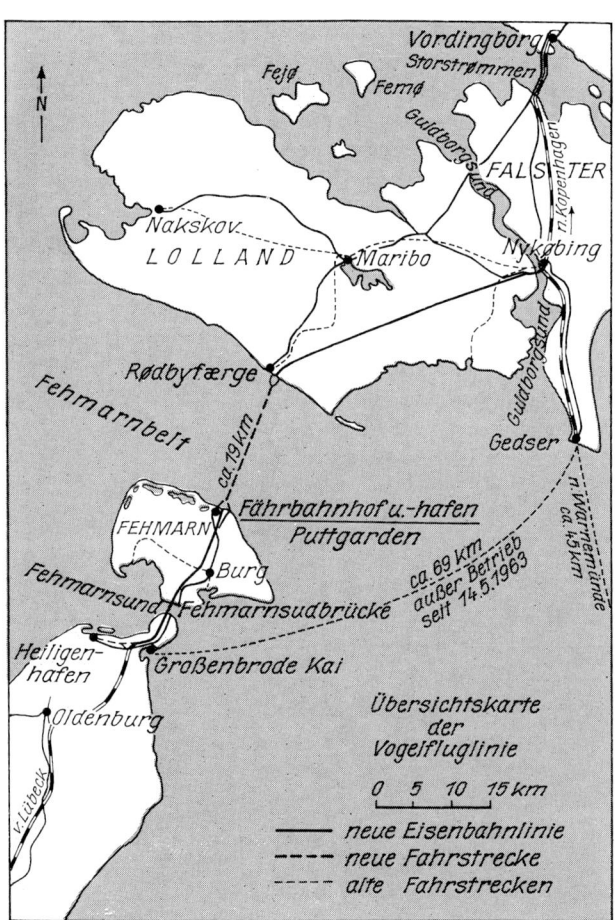

Übersichtskarte
der
Vogelfluglinie

0   5   10   15 km

——— neue Eisenbahnlinie
‒ ‒ ‒ neue Fahrstrecke
– – – alte Fahrstrecken

erwähnt, damals und auch heute wieder auf den kurzen Fährrouten der Ostsee durchaus nicht typisch.

Mit dem Einsatz der DEUTSCHLAND begannen die Deutsche Bundesbahn und die Dänischen Staatsbahnen, ganze Züge überzusetzen. Fortan lief auch der Italien-Skandinavien-Expreß nicht mehr über Flensburg, sondern über Großenbrode – Gedser.

Nach fünf Betriebsjahren waren die »magischen« Trajektierungsleistungen von einer Million Passagiere und 100000 Pkw jährlich fast erreicht (Eröffnungsjahr: 29550 Passagiere, 6200 Pkw). Diese zufriedenstellende Leistungsentwicklung ermutigte die Deutsche Bundesbahn in der zweiten Hälfte der 50er Jahre, eine weitere Hochseefähre, die THEODOR HEUSS, in Dienst zu stellen. Sie bot nicht nur den traditionell hohen Ausstattungsgrad, sondern verfügte über ein gesondertes, zwischen Passagier- und Eisenbahndeck angeordnetes Autodeck. Die Möglichkeiten, das Schiff zu manövrieren, waren durch einen zusätzlichen Voith-Schneider-Bugsteuerpropeller weiter verbessert worden.

Entstanden unter dem Einfluß besonderer politischer Verhältnisse, konnte die Fährroute Großenbrode – Gedser auch mit modernen, schnellen und leistungsfähigen Fährschiffen nur eine provisorische Lösung, bestenfalls die Vorstufe der künftigen Hauptroute sein. Neben der langen Seestrecke gab es beträchtliche Standortnachteile. Bei stürmischen Seitenwinden kam es bei der Einfahrt in Großenbrode immer wieder zu gefährlichen Situationen und auch Unfälle blieben nicht aus. Die trotzdem wachsenden Beförderungsleistungen gaben jenen Verkehrsfachleuten Recht, die immer wieder mit Nachdruck und sachlichen Argumenten darauf drängten, die »Vogelfluglinie« zu verwirklichen. Erst eine solche Verbindung konnte das Netz der Ostseefährlinien langfristig sinnvoll ergänzen und eine Lücke im europäischen Nord-Süd-Verkehr schließen.

Am 13. Juni 1958 beschlossen das Königreich Dänemark und die Bundesrepublik Deutschland das gemeinsame Projekt »Vogelfluglinie«. Dazu wurde es notwendig, im dänischen Rødbyhavn und auf deutscher Seite in Puttgarden auf Fehmarn zwei neue Fährhäfen und die entsprechenden Bahnhofsanlagen zu bauen. Die ohne Zweifel wichtigste Voraussetzung aber bildete der Bau der Brücke über den Fehmarnsund, eine stark befahrene Wasserstraße, die jährlich immerhin über 10000 Schiffe passieren. Die kombinierte Eisenbahn-Straßenbrücke – »Kleiderbügel« taufte sie der Volksmund wegen ihres charakteristischen Aussehens – ist 962 m lang, hat eine 240 m breite und fast 70 m hohe Durchfahrtsöffnung für Schiffe aller Größen. Sie wurde von vornherein so ausgelegt, daß Eisenbahnzüge sie mit 120 km/h befahren können. Ein Teil des Fehmarnsunds, der an dieser Stelle etwas mehr als 1330 m breit ist, wird, ähnlich wie bei der Damm-Brücken-Verbindung von Stralsund nach Rügen, auf einem festen Erddamm überquert. Nachdem am 30. April 1963 – Baubeginn war der 4. Januar 1960 – die Brücke dem Verkehr übergeben worden war, konnte zwei Wochen später, am 14. Mai 1963, die »Vogelfluglinie« Puttgarden – Rødbyfærge feierlich eröffnet werden. Zuvor waren weitere wichtige Verkehrsbauten fertiggestellt worden. Hier seien auf deutscher Seite eine 18 km lange Neubaustrecke, der Fährbahnhof Puttgarden und umfangreiche Straßenneubauten und auf dänischer Seite der Bau des Fährbahnhofs Rødbyfærge, eine 36 km lange Neubaustrecke nach Nykøling, eine bewegliche Straßen-/Eisenbahnbrücke über den Guldborgsund sowie zahlreiche Straßenneubauten erwähnt.

Diese kürzeste und schnellste Verbindung von Nord- nach Westeuropa und zur iberischen und Apenninenhalbinsel verkörperte seit Inbetriebnahme einen ganz wesentlichen Teil des europäischen Verkehrssystems von ähnlicher Bedeutung wie die Gedser-Warnemünde bzw. Trelleborg-Saßnitz-Route für die Verbindung von Skandinavien nach Ost- und Südosteuropa. Mit der Eröffnung der »Vogelfluglinie« konnte die Linie Großenbrode – Gedser eingestellt werden. Die auf dieser Verbindung eingesetzten modernen Hochseefährschiffe KONG FREDERIK IX (DSB), DEUTSCHLAND (DB) und THEODOR HEUSS (DB) wurden auf die »Vogelfluglinie« umgesetzt; die DANMARK (DSB) kehrte endgültig auf ihre angestammte Verbindung Gedser – Warnemünde zurück.

Die Leistungsentwicklung zwischen Puttgarden und Rødbyfærge übertraf sogar optimistische Erwartungen, und schon das erste Betriebsjahr bewies, daß nach der »Ersatzlösung« Großenbrode – Gedser eine deutlich attraktivere Fährverbindung entstanden war. Wegen der kurzen Dauer der Überfahrt konnte jedes der drei zuerst eingesetzten Fährschiffe täglich bis zu acht Hin- und Rückfahrten bewältigen. Schon 1964 lag die Beförderungsleistung in allen Positionen – Passagier-, Pkw-, Lkw- und Bustransport – annähernd doppelt so hoch wie auf der alten Fährstrecke. Mit berechtigtem Stolz verwiesen nach fünf Betriebsjahren beide beteiligten Eisenbahnverwaltungen auf insgesamt bis dato 12 Millionen beförderte Passagiere und erreichte Spitzenleistungen von täglich 15000 Reisenden, 3000 Pkw, 300 Güter- und 90 D-Zug-Wagen allein im Süd-Nordverkehr. Eine solche Entwicklung förderte selbstverständlich in ständiger Wechselwirkung von Nachfrage und Angebot den Einsatz moderner und leistungsfähiger Fährschiffe. In den folgenden Jahren erneuerten, vergrößerten und modernisierten beide Eisenbahnverwaltungen ihre Fährschiffsflotte auf der »Vogelfluglinie«.

1972 stellte die Deutsche Bundesbahn mit der neuen DEUTSCHLAND ein für die damalige Zeit modernes Fährschiff in Dienst, das über interessante Detaillösungen

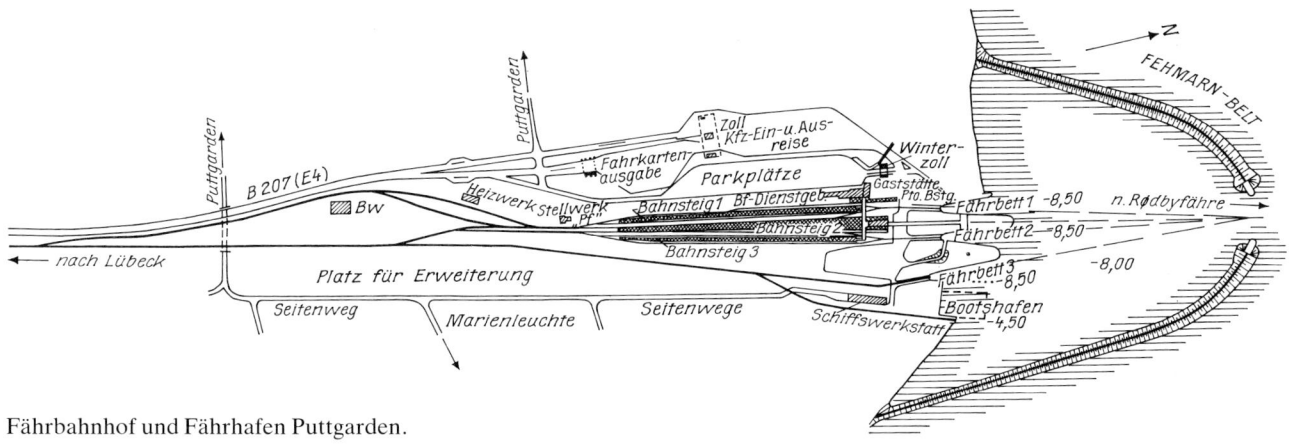

Fährbahnhof und Fährhafen Puttgarden.

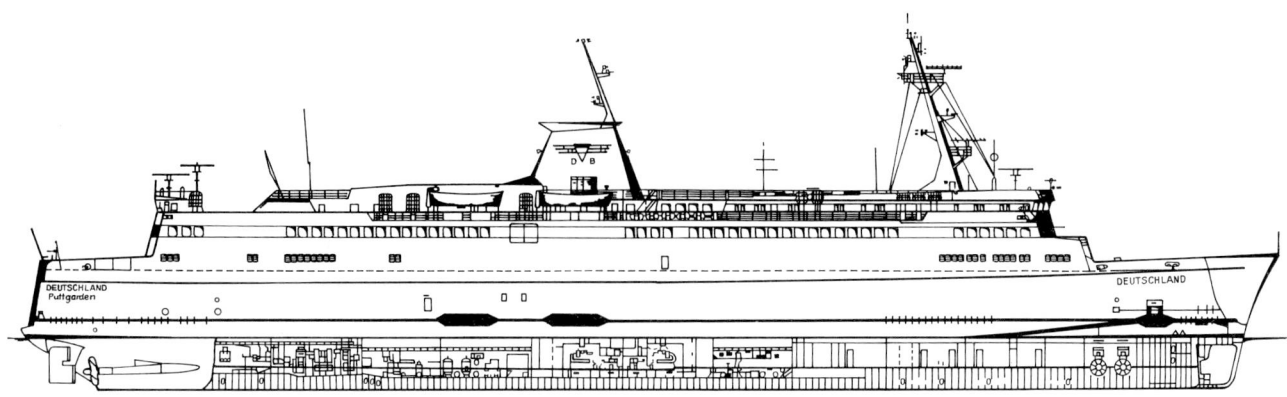

Seitenansicht der 1972 in Dienst gestellten DEUTSCHLAND.

verfügte. Sie verdienen deshalb Erwähnung, weil der Laderaum flexibel für den wahlweisen Transport von Eisenbahnwagen und Pkw genutzt werden konnte und durch ein Hängedeck zusätzliche Kapazität erschlossen wurde, um fast 100 Pkw mehr laden zu können. Zu dieser Zeit waren in fast allen Fährhäfen der Ostsee gesonderte Auffahrrampen für Kraftfahrzeuge, oft für Pkw und Lkw getrennt, bereits zum allgemein üblichen Standard geworden, denn der Straßenverkehr hatte vor allem in Westeuropa und Skaninavien ständig an Bedeutung zugenommen.

Auch auf den anderen Fährlinien der Ostsee nahm der Verkehr erheblich zu. 1980 verwirklichten die Dänischen Staatsbahnen mit drei Fährschiffsneubauten für die »Große-Belt-Route« zwischen Korsør und Nyborg einen neuen Breitenstandard von 23,70 m für Trajekte. Durch den Einsatz der neuen Großfähren DRONNING IN-GRID, KRONPRINS FREDERIK und PRINS JOACHIM wurden die DRONNING MARGRETHE II und die PRINS HENRIK für Fahrten auf der »Vogelfluglinie« frei. Die Nakskovwerft, die beide Schiffe auch gebaut hatte, übernahm es, sie vorher zu modernisieren und umzubauen.

Die dort vorgenommenen Veränderungen machen die Wege noch einmal deutlich, auf denen bei den Transportmitteln die Kapazitäten einem steigenden Bedarf angeglichen werden sollten:
– Die Länge der Schiffe wurde von 135,51 auf 145 m vergrößert;
– das Eisenbahndeck wurde verlängert und so die Stellfläche von 314 auf 346 m nutzbare Gleislänge erhöht;
– die Konstrukteure hoben das obere Deck um 2,50 m an und bauten ein zusätzliches Wagendeck ein, auf dem weitere 125 Pkw Platz fanden.
Eine Zeit lang sollen die Dänischen Staatsbahnen bei

Die Eisenbahn-, Auto- und Passagierfähre DRONNING MARGARETHE II.

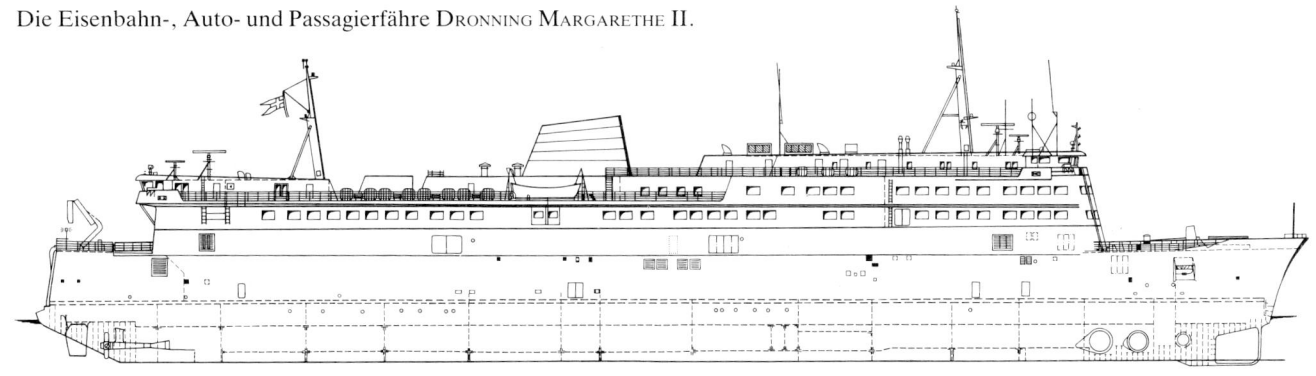

diesen Umbauten erwogen haben, die Schiffe ebenfalls auf 23,70 m zu verbreitern. Aber da dann die beiden Häfen neue Fährbetten hätten erhalten müssen, konnte der Plan nicht verwirklicht werden. Dafür wurde allerdings eine andere Forderung erfüllt: Auf den Schiffen errichtete man spezielle Supermärkte für den Verkauf zollfreier Waren. Die Investition rentierte sich. Bereits nach wenigen Überfahrten war die »Erstausstattung« von fast 60 t verkauft.

Als die PRINS HENRIK, deren Umbau zuerst beendet war, auf der »Vogelfluglinie« eintraf und ihren Dienst aufnahm, stellte sich heraus, daß sie mit den neuen hohen Aufbauten erheblich windempfindlicher geworden war und schon bei verhältnismäßig schwacher Brise nicht mehr sicher in den relativ freiliegenden dänischen Fährhafen gesteuert werden konnte. Ein größeres Ruder und Bugpropeller behoben diesen Mangel. Das Schwesterschiff konnte noch auf der Umbauwerft nachgerüstet werden. Mit den neuen dänischen Fähren stieg die Leistungsfähigkeit der »Vogelfluglinie« bedeutend an. Beim deutschen Partner stieß die Initiative der Dänischen Staatsbahnen nicht nur auf Gegenliebe. Besonders scharf wurde kritisiert, daß damit die Tradition unterbrochen wurde, nach der die Deutsche Bundesbahn und die Dänischen Staatsbahnen bei Bedarf neuer Kapazitäten abwechselnd Neubauten zur Verfügung stellen sollten. Tatsächlich dauerte es noch fast fünf Jahre, ehe in den Howaldtswerken Deutsche Werft AG, Kiel, ein weiterer Neubau, die spätere KARL CARSTENS, in Auftrag gegeben wurde.

Folgende Übersicht gibt Auskunft über Eisenbahnfährschiffe zwischen der Bundesrepublik Deutschland und dem Königreich Dänemark (Verkehr DB – DSB):

Route Großenbrode/Kai – Gedser 1951 bis 1963

MF DANMARK (DSB) 1951 bis 1963, danach Gedser – Warnemünde bis 1968;
MF DRONNING INGRID (DSB) 1951 bis 1954,
MF DEUTSCHLAND (DB-Neubau) 1953 bis 1963, dann Puttgarden – Rødbyfærge;
MF KONG FREDERIK IX (DSB-Neubau) 1954 bis 1963, dann Rødbyfærge – Puttgarden;
MF THEODOR HEUSS (DB Neubau) 1957 bis 1963, danach Puttgarden – Rødbyfærge;

Route Puttgarden – Rødbyfaerge (Rødbyhavn) – »Vogelfluglinie« – Eröffnung 1963

MF DEUTSCHLAND (DB) 1963 bis 1972, Verkauf an Coast-Line nach Griechenland;
MF KONG FREDERIK IX (DSB) 1963 bis 1981;
MF THEODOR HEUSS (DB) seit 1963;
MF KNUDSHOVED (DSB) 1961, 1964 bis nach 1968 auf der »Großen-Belt-Route«;
MF DANMARK (Neubau DSB) 1968 für die MF KNUDSHOVED, dann zurück zum Großen Belt;
MF DEUTSCHLAND (Neubau DB) seit 1972;
MF PRINS HENRIK (DSB) Baujahr 1974; 1981 von Nyborg – Korsør;
MF DRONNING MARGRETHE II (DSB) Baujahr 1973 von Nyborg – Korsør;
MF KARL CARSTENS (Neubau DB) 1986.

Die KARL CARSTENS, größtes Fährschiff, was je auf der »Vogelfluglinie« zum Einsatz kam.

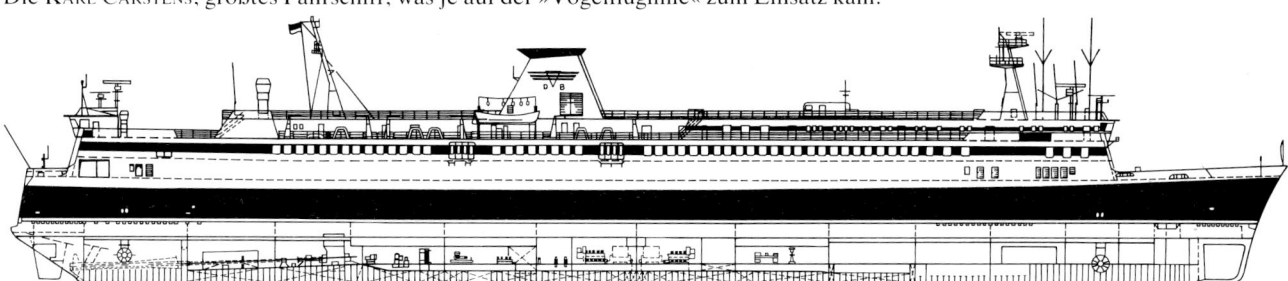

Von Finnland nach Schweden und nach Süden

Bis 1970 hatte sich mit der Verbindung von Nordeuropa nach Saßnitz und Warnemünde, der »Vogelfluglinie« und den polnisch-schwedischen Fährlinien im Ostseeraum ein Eisenbahnfährverkehr entwickelt, der mit modernen Schiffen und über entsprechend ausgestattete Fährhäfen den Bedarf nach schnellen, bequemen und auch verhältnismäßig billigen Transportmöglichkeiten von und zum Kontinent abzudecken in der Lage war. Die Kapazität reichte aus, um auch sehr hohe Anforderungen reibungslos zu bewältigen. Der Wettbewerb um ihre Auslastung und Anteile im devisenträchtigen Transitverkehr führte dazu, daß von den beteiligten Staatsbahnen kontinuierlich verbesserte Leistungen, höherer Komfort und zusätzlicher Service auf einem relativ niedrigem Preisniveau angeboten wurden.

In zunehmendem Umfang erweiterten die Betreiber von Eisenbahnfährlinien ihr Leistungsangebot über die herkömmliche Trajektierung von Personen und Gütern in Eisenbahnwagen hinaus auf fast alle Bereiche, die von der Fracht-, Fahrgast- und Kreuzschiffahrt bestritten wurden. Die Veränderungen, die auf den Schiffen und in den Fährhäfen durchgesetzt wurden, um sie den Anforderungen eines explosiv wachsenden Gütertransports mit Lkw und einem zunehmend motorisierten Individualverkehr anzupassen, müssen als notwendige Folge veränderter Verhältnisse im Landtransport bewertet werden. Daß die Fährschiffe für eine Passagierbeförderung ausgelegt und ausgestattet wurden, die weit über dem Bedarf des Eisenbahntransports lag und auf den Ausflugsverkehr von Tagesreisenden bis zum Motortouristen zielte, hatte nicht nur Tradition, sondern entsprach auch dem langfristigen Trend im internationalen Personenverkehr. Darüber hinaus gingen viele Eisenbahnverwaltungen dazu über, ihre immer schnelleren, größeren und komfortabler ausgestatteten und deshalb auch entsprechend teureren Schiffe für Kreuzfahrten und für den reinen Ausflugsverkehr zu nutzen. Sie scheuten sich nicht, die Möglichkeit zollfreien Einkaufs ungeniert werbewirksam zu offerieren und dabei auf die Linie privater Fährreedereien, die auf der Basis solcherart begründeter Kurzreisen operierten, einzuschwenken. Mögen Fanatiker des Eisenbahnfährverkehrs eine solche Entwicklung auch bedauern, sie trug jedoch dazu bei, die Staatsbahnlinie rentabler zu gestalten, in Zeiten geringer Auslastung die hohen Kosten zu decken und notwendige Innovation zu sichern.

Trotzdem blieb die Synthese zwischen Eisenbahn und Schiff, die über Schiene oder Straße und Fähre laufende durchgehende Transportkette, die tragende Säule des Ostseeverkehrs. Sogar über sehr weite Entfernungen und unter den erschwerten Bedingungen unterschiedlicher Spurenweiten der beteiligten Staatsbahnen hat sie sich als wesentlicher Teil moderner Transportmagistralen bewährt.

Als Beispiel für diese Entwicklung kann die 1967 eröffnete Eisenbahnfährlinie zwischen Stockholm und dem finnischen Naantali nahe Turku gelten. Es handelt sich hierbei um eine Fährroute, auf der ausschließlich Güterwagen trajektiert wurden. Auch für diese Verbindung gilt, daß sie über traditionelle Handelswege verläuft, die schon früher Gegenstand von weitgesteckten Plänen waren. So gab es vor über 100 Jahren ein Projekt, die schwedische Hauptstadt Stockholm über diesen Weg mit St. Petersburg zu verbinden, das jedoch nicht realisiert wurde.

Die Eisenbahnfährverbindung Stockholm – Naantali wurde im Eröffnungsjahr zuerst von der Starke, ab 1969 von der Drottningen und seit 1973 von der Trelleborg bedient. Die Finnischen Staatsbahnen (VR) haben bei Naantali den gleichnamigen Fährhafen und zwischen diesem und dem Bahnhof der Stadt eine 3 km lange Normalspurstrecke von 1435 mm Spurweite gebaut, über die die Eisenbahngüterwagen von einer schwedischen Lokomotive bis zur Umladehalle befördert werden. Die Eisenbahnfährverbindung zwischen Stockholm und Naantali wurde im Dezember 1975 wieder eingestellt.

Am 17. Mai 1974 nahmen die Polnischen Staatsbahnen (PKP) und die Schwedischen Staatsbahnen eine zusätzliche Eisenbahnfährlinie zwischen Swinoujscie und Ystad (Schweden) in Betrieb und dehnten damit die Trajektierung von Personen, Pkw und Lkw auch auf Eisenbahnfahrzeuge aus. In den ersten Jahren fuhr die Mikolaj Kopernik auf der neuen Route. Ab 12. September 1977 wurde durch Polen die Jan Heweliusz zusätzlich eingesetzt, wodurch die Kapazität erhöht und somit dem zunehmenden Verkehrsaufkommen Rechnung getragen werden konnte.

Sowohl auf der Route Schweden – Finnland als auch

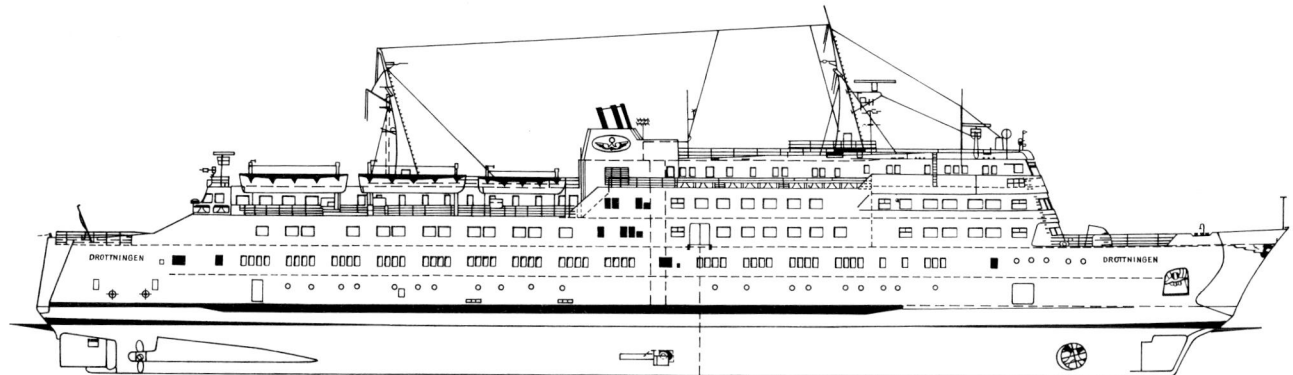

Die DROTTNINGEN kam auf der »Königslinie« zum Einsatz.

bei den Fährverbindungen zwischen Polen und Schweden ist es jeweils nur ein Partner, der im Regelfall die jeweilige Linie bedient. Damit wurde die traditionelle Praxis im internationalen Ostseeverkehr, nach der jeweils zwei beteiligte Staatsbahnen eine Fährverbindung gemeinsam betrieben und paritätisch Schiffe bereitstellen, durchbrochen. Es war deshalb nur folgerichtig, daß sich nun auch im Ostseeraum private Reeder (zwischen Hirthals in Dänemark und Kristiansand in Norwegen existiert bereits seit 1937 eine privat gereederte Eisenbahnfährverbindung über den Skagerrak) auf das Gebiet der Trajektierung von Eisenbahnfahrzeugen vorwagten. Der Anfang wurde zwischen Finnland und dem Festland gemacht. Hier deckte die einzig existierende Eisenbahnverbindung nicht den Bedarf und war auch für den Verkehr nach Mittel- und Westeuropa durchaus keine optimale Lösung. Eine Trajektverbindung Finnland – westliche Ostsee bot sich geradezu an; mit geringem Risiko konnten Auslastungen und Rentabilität erwartet werden. Im Februar 1975 eröffnete die private Reederei Railship GmbH & Co zwischen Hanko im Südwesten Finnlands und dem Lübecker Fährhafen Travemünde eine Eisenbahnfährroute für den Güterverkehr und brachte ihr erstes Schiff, die RAILSHIP I, in Fahrt.

Die im Vorfeld dieser Premiere eines privat betriebenen Eisenbahnfährverkehrs getätigten Investitionen beweisen, wie groß das Vertrauen der Unternehmer in die zukünftige Perspektive ihres Projekts war. Für die Trajektierung konstruierte man besondere Wagen, die auf einem speziell dafür eingerichteten Bahnhof bei Hanko von der westeuropäischen 1435-mm-Spur auf die 1524-mm-Spur der Finnischen Staatsbahnen umgespurt wurden (Zeitaufwand je Wagen etwa 10 Minuten). Insgesamt beschaffte man 300 vierachsige gedeckte Wagen, 175 Flachbordwagen mit über 50 MP Tragfähigkeit und 75 Kesselwagen. Normalspurwagen können auf einem besonderen Gleis in Hanko zur Entladung bereitgestellt und für den Rücklauf wieder beladen werden. In Travemünde, inzwischen zum größten Fährhafen der Ostsee geworden, wurde für die Linie von Hanko der sechste Fähranlieger gebaut. Von Lübeck nach Kückritz entstand ein besonderer Gleisanschluß.

Die Leistungsentwicklung der Fährverbindung Hanko – Travemünde belohnte den Mut ihrer Initiatoren. Sie nahm so stark zu, daß bereits 1979 die Superfähre RAILSHIP I umgebaut wurde, um mehr Kapazität zu gewinnen. Wenige Zeit später rechtfertigte sich dann der mit der »I« hinter dem Schiffsnamen ausgedrückte Optimismus. Die RAILSHIP II konnte in Dienst gestellt werden.

Fährverkehr im Wandel der letzten Jahre

Der Transport von Lkw, Pkw und Touristen

In den 60er Jahren veränderte sich das Gesicht des Ostseeverkehrs wesentlich. Auf der Grundlage eines ständig wachsenden Leistungsbedarfs entstanden in wenigen Jahren völlig neue und immer höhere Ansprüche an Leistungsfähigkeit, Struktur und Qualität der Transportbedingungen. Der Güterverkehr zwischen den Anliegerstaaten nahm rasch zu und wurde in immer größerem Umfang über die Straße abgewickelt. Viele Staaten förderten diese Entwicklung durch eine Steuer- und Tarifpolitik, die den Verkehr mit Lastkraftwagen deutlich favorisierte. Der Verkehr mit Hilfe von Lastkraftwagen vereinnahmte so einen großen Teil der hohen Zuwachsraten im grenzüberschreitenden Güterverkehr.

Fast genau zur gleichen Zeit wurde mit dem Einsatz von Containern eine hocheffektive neue Transporttechnologie angewandt, die vom Grundprinzip (»Beibehalten des Transportgefäßes«) dem Eisenbahnfährverkehr verwandt ist. Die »durchgehende Transportkette« wird vom Versender bis zum Empfänger konsequent verwirklicht. Das Gut verbleibt, bis das Lager des Empfängers erreicht ist, im einmal beladenen Container. Er ist genau wie der Eisenbahnwagen spezifischen Anforderungen angepaßt und kann beispielsweise als Kühlcontainer gebaut sein. Auf diese Art und Weise werden See- und Landtransport – Schiff, Eisenbahn und Lkw – nahezu ideal und nahtlos miteinander verknüpft. Wieder einmal bewahrheitete sich im Ostseeraum die Erfahrung, nach der billige und schnelle Transportmöglichkeiten den Handel und die internationale Kooperation befruchten.

Ein zunehmender Gütertransport zwischen den Anliegerstaaten der Ostsee deutete sich bereits vor dem zweiten Weltkrieg vorsichtig an. Demgegenüber mußte die explosionsartige Entwicklung des individuellen und organisierten Reiseverkehrs alle erwarteten Dimensionen sprengen. Auch die Zahl der Kurzausflügler sowie der Berufsverkehr, der in Nordeuropa durch einen gemeinsamen Arbeitsmarkt gefördert wurde, nahmen ständig zu.

Mag in den 60er Jahren auch der Anteil des Gütertransports mit Lkw an einer optimalen Arbeitsteilung zwischen Schiene und Straße vorbeigegangen sein – die Erdölverteuerung führte überspannte Entwicklungen später auf ein gesundes Maß zurück –, im Reiseverkehr war eine völlig neue Situation entstanden. Die Verkehrsunternehmen reagierten unterschiedlich und mit differenzierten Maßnahmen. Auf den traditionellen Eisenbahnfährlinien beschleunigten die beteiligten Staatsbahnen die Beförderung und Abfertigung, erhöhten den Service und boten zusätzlich Trajektierungsleistungen für Last- und Personenkraftwagen an. Andere Fährlinien, wie zum Beispiel Puttgarden – Rødbyhavn, hatten bereits seit ihrer Betriebsaufnahme auf das Nebeneinander von Eisenbahntrajektierung und Autotransport gesetzt. Mit steigenden Leistungen behaupteten die etablierten Fährrouten ihren Platz im Ostseetransport. Doch sie waren allein nicht in der Lage, die differenzierten Anforderungen zu befriedigen. In wenigen Jahren stellte sich nun auch die Schiffahrt auf die veränderte Situation ein. In kurzer Zeit entstand ein Netz dichtbefahrener Routen, über die moderne, schnelle und hochleistungsfähige Schiffe hohen Ansprüchen im Personen- und Güterverkehr gerecht wurden. Im Verkehr Nordeuropas mit dem europäischen Kontinent genossen die Fährlinien der westlichen Ostsee entsprechend ihrer geographischen Lage den Vorzug. Gerade sie waren als Ziel- und Ausgangsorte des Mittel- und Westeuropaverkehrs besonders geeignet.

Darüber hinaus gab es in Lübeck, Travemünde und Kiel eine durchaus lange Tradition ständiger Fährverbindungen nach Dänemark, Norwegen, Finnland und Schweden, die angesichts eines sich ausweitenden Transportbedarfs und im Wettbewerb mit den Eisenbahnfährlinien expandierten. Die Entwicklung in den Fährhäfen der westlichen Ostsee in den 60er Jahren macht den hohen Leistungsstand der Fährreedereien deutlich, mit dem diese in die 70er Jahre gingen.

Mitte der 50er Jahre, als der Tourismus sich langsam zu entwickeln begann, fuhr von Travemünde der finnische Dampfer OIHONNA einmal in der Woche nach Helsinki. Mit dem deutschen Motorschiff DIANA konnte alle zwei Tage Kopenhagen erreicht werden, und die schwedischen Eisenbahnfährschiffe DROTTNING VICTORIA, KONUNG GUSTAV V sowie der Dampfer HEIMDALL hielten eine ständige Verbindung nach Trelleborg und Malmö aufrecht. Aber die rund 100 000 Reisenden, die damals in der Sommersaison befördert wurden, ließen die Leistungsentwicklung kommender Jahre noch nicht einmal entfernt erahnen. In den Folgejahren wurde Lübeck mit seinen guten Eisenbahn- und Autobahnanschlüssen zum meistfrequentierten Fährhafen der Ostsee.

Obwohl die Reedereien längst schon zu einem ausgedehnten „Kurzreise-Einkaufs-Programm" übergegangen waren und auf den Tagesfahrten zu dänischen Inseln oder einfach nur bei Kurzausflügen in die Lübecker Bucht das Abenteuer Seereise geschickt mit zollfreiem Einkauf kombinierten, dauerte es noch bis 1962, ehe mit dem ersten Fährschiffanleger in Travemünde der »Skandinavienkai« eingeweiht werden konnte. Zehn Jahre später waren fünf weitere spezielle Anlegestellen für Fährschiffe hinzugekommen, und acht Reedereien schickten ihre Schiffe ständig nach Travemünde. Nun konnten hier alle Fährschiffstypen, schnell und effektiv abgefertigt werden. Mit der Eröffnung der Eisenbahn-Fährlinie nach Hanko war Lübeck 1975 nun auch in die Eisenbahnfährschiffahrt einbezogen.

Zur gleichen Zeit, als die Blüte der Fährschiffahrt im Ostseeraum neue Verbindungen entstehen und entsprechende Fährhäfen wachsen ließ, wurde mit den Auto-Güter- und kombinierten Auto-Passagierfähren ein Schiffstyp gebaut, der speziell für diese besonderen Anforderungen entwickelt worden war. In ihrer Konstruktion verwertete man die langjährigen Erfahrungen, die

man beim Trajektieren gesammelt hatte. Alle von dort bekannten und bei ihrem Betrieb bewährten konstruktiven Prinziplösungen finden wir bei den neuen Schiffen wieder: das Flächenruder, die Querschubanlage (Querstrahlruder), den Voith-Schneider-Propeller, die Stabilisierungsflossen, die Tanksysteme, die die Krängung ausgleichen und Rollbewegungen dämpfen, sowie die elektrischen Motorantriebe mit Verstellpropelleranlagen. Auch die Be- und Entladung werden nach dem bereits bei allen Eisenbahnfährschiffen angewandten Roll-on/Roll-off-Prinzip über Bug- und/oder Heckklappen und meistens zusätzlich auch über Seitenpforten vorgenommen.

Selbstverständlich sind die modernen Auto-Passagier- und Lkw-Güterfähren als Mehrdecksschiffe gebaut. Auf zusätzlichen Hängeplattformen oder absenkbaren Zwischendecks finden weitere Straßenfahrzeuge Platz. Bewegliche Zwischenrampen stellen die Verbindung zwischen den einzelnen Decks her, und oft ermöglicht eine Drehscheibe den Kraftfahrzeugen, alle Stellplätze zu erreichen. Besonders bei Schiffen mit nur einer Klappe an Bug und Heck ist die Drehscheibe zur Standardausstattung geworden. Mit Fahrzeugaufzügen haben die Konstrukteure inzwischen auch die Senkrechtbewegung, das Lift-on/Lift-off-Prinzip, wiederentdeckt und setzen es ein, um die Fähren schnell be- und entladen sowie den Laderaum effektiv auslasten zu können.

Alle Fähren bieten den Reisenden oder auch den Kraftfahrzeugführern des Lkw-Verkehrs bei den Überfahrten umfangreiche Dienstleistungen an. Sie reichen von ausgezeichneter gastronomischer Betreuung über Erholungs- und Fitneßeinrichtungen bis hin zu mehr oder minder komfortabel ausgestatteten Kabinen und Läden.

Der Autoreiseverkehr entwickelte sich in den folgenden Jahren zu einem tragenden Pfeiler des Ostseefährverkehrs. Tagesausflüge und Kurzreisen wurden zwischen den Ostseeanliegerstaaten durch Reisebüros kräftig gefördert.

Mit etwa 52 % Mitte der 80er Jahre hat die »Königslinie« Trelleborg – Saßnitz ihre Spitzenposition im internationalen Eisenbahngüterverkehr auf der Ostsee genau so behaupten können, wie sich die »Vogelfluglinie« zum Spitzenreiter im Passagier- und Pkw-Verkehr entwickelt hat (52,5 %; 55,8 %).

Selbst Energieverknappung und angestiegene Benzinpreise konnten die Entwicklung des motorisierten Ausflugs- und Reiseverkehrs nur vorübergehend dämpfen. Die verhältnismäßig preiswerten Fährtarife im Vergleich mit den Kraftstoffkosten erwiesen sich beim Verkehr über Straßen als zusätzlicher Anreiz, den Fährverkehr zu nutzen. Diese Entwicklung hat sich bis in die Gegenwart fortgesetzt. Das steigende Verkehrsaufkommen – immer mehr Passagiere, die über die Ostsee fahren und ständig anwachsende Güterströme – bieten Raum und Anreiz für neue Linien und gewinnträchtige Investitionen in immer größere, schnellere und komfortablere Schiffe.

Es konnte nicht ausbleiben, daß auch der Konkurrenzkampf ständig an Schärfe zunahm, und die beteiligten Reedereien nutzen jedes Mittel, um im Wettlauf um Fracht und Fahrgäste die »Nase vorn« zu haben. Die Eisenbahngesellschaften versuchten dabei nicht nur, ihre Anteile am Ostseetransport zu steigern, sondern sie strebten gleichzeitig an, dem immer stärker nach vorn drängenden Straßentransport Paroli zu bieten. Bereits seit vielen Jahren hatten sie ihre Schiffe den veränderten Strukturen des Landverkehrs angepaßt, hielten ein speziell auf den Kunden mit Pkw und dem Güterverkehr mit Lkw und Trailern berechnetes Angebot bereit. Trotzdem blieben jedoch die Langstreckentransporte mit der Eisenbahn im Mittelpunkt ihrer Anstrengungen.

Jüngster Konkurrent um die Gunst des Transportkunden ist das 1986 von den Dänischen und Schwedischen Staatsbahnen gemeinsam aus der Taufe gehobene Dan-Link-Projekt. Ihm liegt die Idee zugrunde, den Öresund nicht einfach zu queren, sondern in seiner gesamten Länge zu nutzen, um vor allen Dingen den Verkehr Hesingborg – Hamburg zu beschleunigen. Für die fast ausschließliche Beförderung von Güterwagen haben die Dänische Staatsbahnen die TREKRONER (16 000 BRT, 800 m Gleislänge, 50 Güterwagen) und die Schwedischen Staatsbahnen die fast gleichgroße ÖRESUND in Dienst gestellt. Mit etwa zehn täglichen Abfahrten kann so eine beträchtliche Kapazität bereitgestellt werden.

Damit ist Dan-Link eines der ersten Transportprojekte, das nicht unbedingt auf den kürzesten Seeweg setzt, sondern seinen Vorzug aus der Kombination von See- und Landtransport bezieht. Im gleichen Jahr, nur wenige Monate später, eröffneten die UdSSR und die DDR zwischen Mukran und Klaipeda die erste Fährroute der Welt, die nicht aus geographischen Notwendigkeiten heraus entstanden war, sondern eine realistische Alternative zum schienengebundenen Landverkehr darstellt.

Eisenbahngüterfährverbindung Mukran – Klaipeda

Mit der Errichtung der Eisenbahnfährverbindung Mukran – Klaipeda am 2. Oktober 1986 beschritten die UdSSR und die DDR neue Wege zur effektiveren Gestaltung des Gütertransports, der aus den gewaltigen Dimensionen des gegenseitigen Warenaustausches resultierte. Das Leistungsvermögen der Anlagen ist so ausgelegt, daß ein Drittel der Güterströme zwischen beiden Staaten über die Fährverbindung realisiert werden kann. Damit ist die Trajektierung eine echte Alternative zum konventionellen Seeverkehr und zum direkten Eisenbahnverkehr. Nach nur vier Jahren Bauzeit am Fährhafen und -bahnhof machte als erste Fähre die Eisenbahngüterfähre MUKRAN am Pier fest. Das auf der Mathias-Thesen Werft in Wismar gebaute Schiff hat zwei Ladungsdecks und kann bei 1 514 m nutzbarer Gleislänge insgesamt 103 Breitspur-Wagen mit einer Standardlänge von 14,8 m und einer Masse von 84 t befördern. Davon werden 54 Wagen auf dem Hauptdeck gestaut.

Da die Sowjetische Staatsbahn und die Deutsche Reichsbahn in ihren Netzen unterschiedliche Spurbreiten haben, entschied man sich bei den Fähren für die breitere sowjetische Spur (1 524 mm). Dies hatte wiederum zur Folge, daß in Mukran entsprechende bauliche Anlagen zur Umladung und Umachsung der Breitspur-Waggons zu schaffen waren. So entstanden auf einer Fläche von 204 Hektar über 70 km Gleisanlagen, von denen ein Drittel auf die sowjetische Breitspur entfallen, 222 Weichen, zwei moderne Umladehallen, eine Freikrananlage für Massenstückgüter, eine separate Umladeanlage für gefährliche Güter sowie eine Umachsanlage von Breit- auf Normalspur. Zuzüglich wurden natürlich auch infrastrukturelle Einrichtungen wie Sozial- und Verwaltungseinrichtungen, Werkstätten, Stellwerke, ein Heizwerk und zum Schutz des Fährhafens Molenanlagen gebaut. Im sowjetischen Fährhafen Klaipeda haben Pier und Fährbrücke das gleiche Aussehen und technologische Wirkungsprinzip wie in Mu-

Fährbecken mit 2-Etagen-Brücke im Fährhafen von Mukran.   Quelle: Zentrale Bildstelle der DR
Der Fährhafen in Klaipeda.   Quelle: Zentrale Bildstelle der DR

Oberdeck des Eisenbahnschiffes KLAIPEDA.
Quelle: Zentrale Bildstelle der DR

Paariger Güterwagenabzug von dem Eisenbahnfährschiff KLAI-
PEDA. Quelle: Zentrale Bildstelle der DR

kran. Anlagen zur Umladung und Umachsung sind in Klaipeda nicht notwendig. Die Züge werden aus den Vorstellgleisen direkt auf das Schiff gefahren. Be- und Entladung erfolgen über das Heck. Bevor es aber soweit ist, wird das Schiff, nachdem es mit eigener Kraft seitwärts am Anleger und mit dem Heck zum Brückenportal zum Stehen gekommen ist sowie Bug- und Achterleine übergeben wurden, automatisch in die richtige Position gebracht. Dabei werden die Verholfender hydraulisch ausgefahren, wobei achtern nur die oberen Fender genutzt werden. Nach richtiger Positionierung wird die obere Brücke auf das Schiff gelegt und verriegelt. Anschließend werden die Waggons vom Oberdeck abgezogen, die Brücke wieder verriegelt und hochgezogen sowie die Verholfender freigegeben. Zur weiteren Entladung erfolgt die Positionierung des Hauptdeckes. Dieses wird im Anschluß sofort wieder beladen. Am Ende des Beladeprozesses rollen die Waggons auf das Oberdeck. Computer berechnen bereits vor der Beladung den Stauplan, steuern das Trimmen des Schiffes während der Beladung und erledigen abschließend den kommerziellen Teil, wie Frachtbriefausstellung, Tarifberechnung und Leistungsnachweis.

Die auf der neuen Fährverbindung erstmalig zum Einsatz kommende Be- und Entladung über eine zweietagige Brücke ermöglicht extrem kurze Hafenliegezeiten. Nach vier Stunden kann das Schiff den Hafen wieder verlassen. Die Überfahrt für die 273 Seemeilen lange Fahrstrecke dauert 20 Stunden, das bedeutet, daß für einen Umlauf zwei Tage erforderlich sind. 1990 waren bereits fünf Fährschiffe im ständigen Einsatz. Die enorme Ladekapazität von 103 vierachsigen Breitspurwagen gestattet es, mit jedem Schiff jährlich 900 000 t Güter zu befördern.

Mit der Fährroute Mukran – Klaipeda wurde das Netz der Ostseelinien um eine Ost-West-Verbindung ergänzt, die in ihrem südlichen Teil verlaufend zwar traditionelle, bislang aber nur der Küstenschiffahrt vorbehaltene Wege nutzt.

Verdichtung des Fährnetzes

Das Netz der verschiedenen Fähr- und Schiffahrtslinien wurde während der letzten Jahre immer enger, die Fährschiffe immer größer, schneller und moderner. Ihre höchste Dichte haben die Fährlinien in der westlichen Ostsee sowie im südlichen Teil des Bottnischen Meerbusens erreicht. Eine Art Knotenpunkt stellen in der westlichen Ostsee die dänischen Inseln dar. Sie sind entweder Ausgangs- bzw. Zielpunkt des Fährverkehrs oder es führen entlang ihrer Küsten viele andere Linien vorbei, die von Schweden nach Häfen der südlichen Ostseeküste und umgekehrt verlaufen. Dichter Fährverkehr besteht zwischen der schwedischen Westküste und der dänischen Halbinsel Jütland.

Neben der Eisenbahnfährverbindung der Railship-Line zwischen Hanko und Travemünde bestehen die Routen der Reederei Finnlines, die den unmittelbaren Frachtverkehr zwischen Finnland und der BRD aufrecht erhalten. Zweimal wöchentlich verkehrt hier das Passagier- und Autofährschiff FINNJET. Dieses Gasturbinenmotorschiff, speziell für die Linie Helsinki – Travemünde erbaut, wurde 1977 an die finnische Guzeit-Gruppe geliefert. Es ist das schnellste liniengebundene Passagiertrajekt der Welt, das die Strecke von Helsinki nach Travemünde in 22 Stunden zurücklegt. Die FINNJET wurde 1987 von der finnischen Reederei EFFOA erworben und ging in den Silja-Line-Pool ein. 1987 erzielte diese Linie einen Gesamtumsatz von 340 Millionen Schwedenkronen, transportierte 200 000 Personen und 3 000 Lasteinheiten.

Fähranlage in Göteborg.   Quelle: Sammlung Autoren

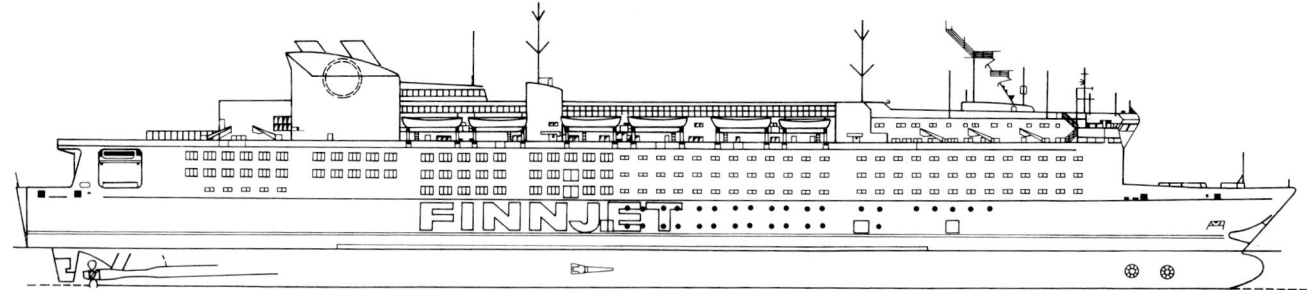

Das wohl bekannteste Fährschiff im Ostseeraum ist die FINNJET.

Die Silja-Line und die Viking-Line beherrschen den Fährverkehr zwischen Schweden und Finnland im südlichen Teil des Bottnischen Meerbusens. Der Passagierverkehr ist infolge der zunehmenden Popularität des Tourismus und aufgrund der Tatsache, daß hunderttausende Finnen in Schweden arbeiten, stark angewachsen. Unter dem Namen Silja-Line verkehren seit den 50er Jahren die Fährschiffe einer schwedischen und einer finnischen Reederei. Diese Linie besitzt mittlerweile eine über 100jährige Tradition. Sie begann in den 70er Jahren des vergangenen Jahrhunderts, als die EXPRESS –

42 Meter lang und 7 Meter breit – den Dienst aufnahm. Das erste Fährlinienabkommen wurde 1918 zwischen finnischen und schwedischen Reedereien abgeschlossen. 1987 hatte die Silja-Line im Fährverkehr zwischen Schweden und Finnland die Fähren SILVIA REGINA, FINLANDIA, SVEA und WELLAMO im Einsatz. In diesem Jahr erzielte die Linie einen Umsatz von 1,5 Milliarden Schwedenkronen. Sie beförderte 2,1 Millionen Passagiere und 76 000 Lasteinheiten. Ihre beiden wichtigsten, täglich von zwei Fährschiffen befahrenen Routen sind Stockholm – Helsinki (SILVIA REGINA und FINLANDIA)

Das Fährschiff SILVIA REGINA. Quelle: Sammlung Autoren

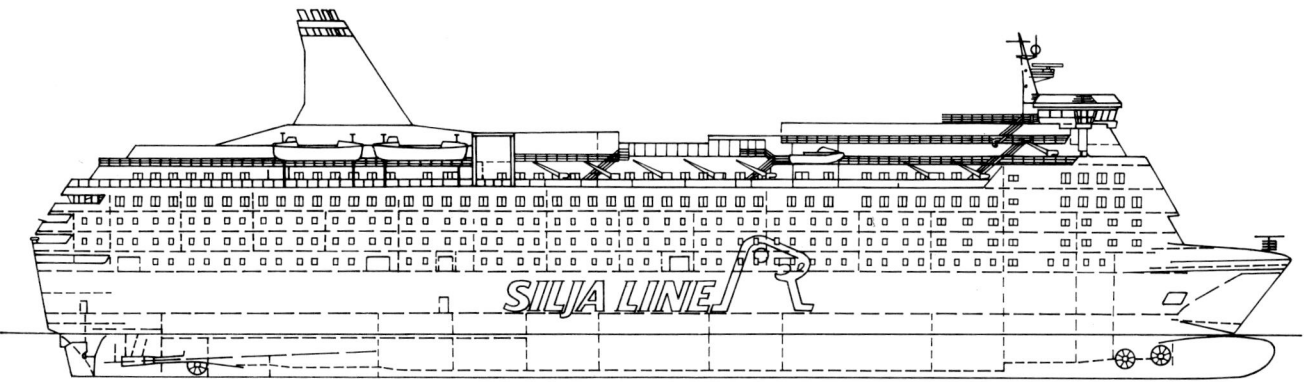

Die Svea kam wie ihr Schwesterschiff Wellamo Mitte der 80er Jahre auf der Linie Stockholm – Mariehamn – Turku zum Einsatz.

Die Viking Sally auf der Fahrt zwischen Finnland und Schweden.　　　　　Quelle: Sammlung Autoren

und Stockholm – Mariehamn – Turku (SVEA und WELLAMO). Die Fahrtzeit zwischen Stockholm und Helsinki beträgt 15 Stunden, zwischen Stockholm nach Turku mit Anlegen in Mariehamn 12 Stunden.

Die finnische Muttergesellschaft der Silja-Line hat ein Abkommen mit der finnischen Wärtsilä-Werft in Turku über den Bau einer neuen Passagierfähre für die Linie Helsinki – Stockholm abgeschlossen. Das Schiff ist mit einer Tonnage von 50 000 BRT, 200 m Länge und 31,5 m Breite projektiert. Sein Tiefgang soll 6,8 m betragen. Es wird maximal 2 500 Passagiere und 450 Pkw oder 60 Lkw an Bord nehmen können. Diese Fähre soll 700 Millionen Finnmark kosten und in der zweiten Hälfte des Jahres 1990 vom Stapel laufen. Der Bau eines Schwesterschiffes ist ebenfalls bereits zugesichert.

Die andere wichtige Reederei im Fährverkehr zwischen Schweden und Finnland ist die Viking-Line, die ihren Sitz in Mariehamn auf den Åland-Inseln (Finnland) hat. Mit der ROSELLA und der DIANA II befährt sie die Route Naantali – Mariehamn – Kapellskär (Schweden, nördlich von Stockholm). Die beiden Fähren verkehren Tag und Nacht und benötigen für die Strecke rund sieben Stunden. Den Fährverkehr auf der Route Turku – Mariehamn – Stockholm versehen die Fährschiffe AMORELLA und VIKING SALLY, die zehn Stunden für die Tour brauchen.

Von der Viking-Line wird die Route Helsinki – Stockholm einmal täglich in jeder Richtung befahren. Auf ihr verkehren heute die modernsten Schiffe des Unternehmens: die MARIELLA, erbaut 1985, und ihr Schwesternschiff, die OLYMPIA, erbaut 1986. Beide Fähren sind im Guinnessbuch der Rekorde als die größten Passagierfähren der Welt erwähnt. 1986 beförderte die Viking-Line 3,6 Millionen Passagiere und 90 500 Lasteinheiten. Im Jahre 1988 setzte die Viking-Line die auf der jugoslawischen Werft erbauten Fähre AMORELLA ein. Den 2 200 Passagieren stehen 2 000 Kajüten zur Verfügung. Die Fähre kann 620 Pkw oder 53 Lkw aufnehmen.

Reger Fährverkehr besteht auch im Bottnischen Meerbusen auf den nördlichsten ganzjährig betriebenen Linien zwischen der finnischen Stadt Vasa und den schwedischen Städten Umeå und Sundsvall. Die Vasabåterna-Line AB hatte 1987 einen Umsatz von 380 Millionen Schwedenkronen. Sie beförderte 850 000 Personen und 9 000 Lasteneinheiten.

Seit einigen Jahren unterhält eine Leningrader Reederei Fährverkehr nach der finnischen Hafenstadt Kotka und nach Stockholm mit Aufenthalt in Helsinki. Für den Einsatz auf der Linie Leningrad – Stockholm erwarb die Sowjetunion in der ersten Hälfte der 80er Jahre die Fähre SKANDIA von der Silja-Line und setzt sie als ILICH ein.

Das Fährschiff AMORELLA.

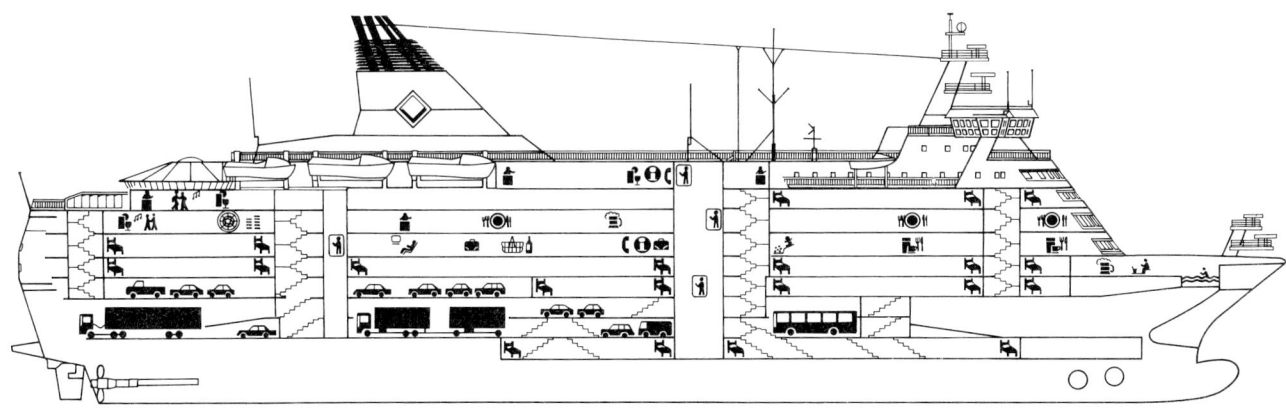

Ausblick

Längst ist mit dem Einstieg privater Reedereien in den Eisenbahngüterverkehr auch die letzte Bastion der Staatsbahnen gefallen, die einst den Ostseefährdienst fast unbeschränkt beherrscht haben. 1987 hat die Nordö-Linie damit begonnen, zwischen Travemünde und Malmö Eisenbahnwagen zu transportieren. Dafür hat sie ihre eigentlich für den Autoverkehr vorgesehenen Schiffe SVEA LINK und SKANDINAVIA LINK mit entsprechenden Gleisanlagen ausgerüstet und die erforderlichen landseitigen Anlagen errichtet. Ohne Zweifel strebt damit die Nordö-Linie die führende Position im Fährverkehr zwischen Schweden und der BRD an, die bisher die TT-Line inne hatte. Heute hat sich für die TT-Line der Einsatz der beiden Jumbo-Auto-Passagierschiffe PETER PAN und NILS HOLGERSSON (1987) rentiert. Die Unternehmen gingen jedoch davon aus, daß dem zunehmenden Konkurrenzdruck nur mit weiteren Neubauten auf hohem Niveau begegnet werden kann. Deshalb planten die Swedcarrier Rederi AB 1988 mit der NILS DACKE und der Poolpartner Hamburg TT-Line mit der ROBIN HOOD (1989) auf der Route Trelleborg – Travemünde zwei neue Allround-Combi-Carriers einzusetzen. Diese Schiffe lösten die SAGA WIND und die SAGA STAR ab. Sie sind je 175 m lang, 26 m breit und mit 24000 BRT vermessen. Auf sechs Gleisen mit 910 m Ladelänge im unteren Deck können 75 Güterwagen aufgenommen werden. Auf den beiden darüberliegenden Decks finden 100 Lkw bzw. Trailer Platz. Außerdem kann die Fähre 300 Passagiere, für die ausschließlich Kabinenplätze mit hohem Komfort zur Verfügung stehen, befördern. Mit der Inbetriebnahme der beiden Schiffe stehen 50 % mehr Ladekapazität zur Verfügung. Damit sollen Beförderungsengpässe auf lange Zeit ausgeschlossen sein.

Den bisherigen Höhepunkt des immer härter werdenden Konkurrenzkampfes aber dürfte das Vorhaben der Reederei Stena-AB-Göteborg darstellen. Es sieht vor, zwischen Puttgarden und Rødby in den Fährverkehr einzusteigen und damit das Monopol der Dänischen Staatsbahn und der Deutschen Bundesbahn auf der

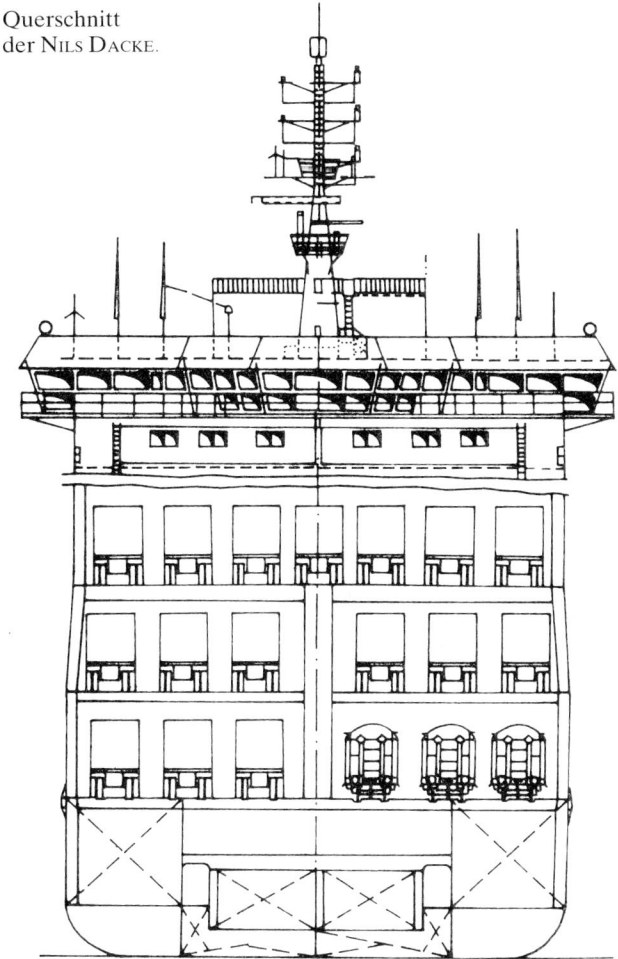

Querschnitt der NILS DACKE.

»Vogelfluglinie« zu brechen. Trotz massiver Proteste beider Bahnverwaltungen sollen bereits sehr klare Vorstellungen über Hafenanlagen, Schiffe und Transportleistungen bestehen. Ganz sicher wurde die Stena-AB-Göteborg zu diesen Plänen durch die enorme Entwicklung der »Vogelfluglinie« ermuntert. Vor allem der Frachtverkehr mit Straßenfahrzeugen hat sich kontinuierlich entwickelt, und die mehr als 175 000 Lkw mit fast 1,3 Millionen t Fracht dürften durchaus noch nicht die obere Grenze des Bedarfs darstellen. Auch der Verkehr mit Eisenbahnwagen, 1986 wurden fast 2,6 Millionen t Güter befördert, hat weiterhin steigenden Trend. Absolute Rekordwerte erreichte man im Passagierverkehr, wo 1986 erstmals in der Geschichte der »Vogelfluglinie« über 7 Millionen Passagiere befördert werden konnten und auch in den nächsten Jahren mit weiter steigenden Beförderungszahlen gerechnet werden kann. Damit überquerten seit der Eröffnung der »Vogelfluglinie« 1963 mehr als 90 Millionen Personen den Fehmarnbelt. 1988, 25 Jahre nach der Eröffnung, hatten sich die Beförderungsleistungen auf der »Vogelfluglinie« trotz zunehmend harter privater Konkurrenz, insbesondere auf den Routen Travemünde – Trelleborg, Travemünde – Malmö und Travemünde – Gedser, im Vergleich zu 1963 annähernd verzehnfacht. Etwa 60 % des gesamten Ostseefährverkehrs zwischen der BRD, Dänemark und Schweden werden über diese leistungsfähige Fährlinie abgewickelt. Beide Eisenbahnverwaltungen (DB und DSB) reagierten mit geeigneten Maßnahmen, um der sich abzeichnenden weiteren Leistungssteigerung zu entsprechen.

Von seiten der Deutschen Bundesbahn erfolgte 1986 die Inbetriebnahme des neuen Fährschiffes KARL CARSTENS, die Umklassierung der THEODOR HEUSS zu einer reinen Güterfähre sowie die Modernisierung des Fährschiffes DEUTSCHLAND. Landseitig wurde der Fährbahnhof, vor allem mit dem 4. Fährbett als Seitenanlieger, bedeutend ausgebaut. Die Dänischen Staatsbahnen erhöhten ebenfalls die Schiffskapazitäten. Man setzte ein von der Mercandia-Reederei für neun Jahre gechartertes Fährschiff, das in Frederikshavn zur Fahrgast-/Lkw-Fähre umgebaut wurde, ein. Dieses 132 m lange und 20 m breite Schiff kann auf zwei Decks 34 Lkw bzw. Busse oder 280 Pkw und 500 Passagiere aufnehmen. Mit der Inbetriebnahme beendete die KONG FREDERIK ihren Dienst auf der »Vogelfluglinie«. Einen weiteren wesent-

lichen Kapazitätszuwachs erreichte man mit der Inbetriebnahme der dänischen Fähre DRONNING INGRID. Dieses 152 m lange Schiff kann 420 Pkw und 2 000 Passagiere befördern. Für den Transport von Güterwagen stehen 495 m Gleislänge zur Verfügung. Bei einer Antriebsleistung von 18 948 kW erreicht es eine Dienstgeschwindigkeit von 17 kn.

Die Kontinental-Fährhäfen der westlichen Ostsee Kiel und Lübeck haben mit beträchtlichen Investitionen auf den ansteigenden Fährverkehr reagiert. In Kiel wurde beispielsweise der Oslokai für die neue KRONPRINZ HARALD, die man 1987 von der Jahre-Line für den Verkehr nach Oslo in Dienst stellte, neu hergerichtet. Auch die Langeland-Linie plante für 1989 ein neues Schiff für 1 100 Passagiere und 41 Pkw, das im April als LANGELAND III in Dienst gestellt wurde. Der Schwedenkai in Kiel wird seit 1987 durch den Neubau der Stena-Line, die STENA GERMANICA, angelaufen. Ab 1988 ist ein gleichartiges Schwesterschiff, die STENA SCANDINAVICA, hinzugekommen. Beide Schiffe sollen bei Passagieren Beförderungsleistungen in Nähe der 1-Millionen-Grenze sichern.

Die »Königslinie« Saßnitz–Trelleborg hat trotz der Leistungsexpansion auf anderen Fährrouten ihre führende Position im Eisenbahngüterverkehr sichern können. 1987 konnte mit fast 5 Millionen t ein neuer Rekord verbucht werden. Diese Entwicklung ermutigte die Deutsche Reichsbahn, eine neue SASSNITZ in Dienst zu stellen, die neben beträchtlicher Ladekapazität einen hohen Komfort für Passagiere garantiert.

Auch zwischen Finnland und dem Kontinent scheinen seit 1986 die Jahre stagnierender Leistung überwunden zu sein. 1987 ließ die FINNJET-Silja-Line AB ihre inzwischen 10jährige FINNJET völlig umbauen, modernisieren und gehobenen Ansprüchen anpassen. Noch deutlicher wird die Entwicklung bei den Leistungen des von OY-Finncarriers AB Helsinki und Poseidonschiffahrt OHG Lübeck betriebenen Gemeinschaftsdienstes zwischen Finnland und dem Kontinent. Am 29. Oktober 1987 trat das neue Fährschiff FINNSAILOR seine Jungfernfahrt von Helsinki nach Lübeck an. Das 156 m lange Schiff (8 300 tdw) mit 2 100 m Fahrbahnlänge für Straßenfahrzeuge wurde auf einer polnischen Werft in Gdansk gebaut und kann auf dem Wetterdeck zusätzlich etwa 70 20-Fuß-Container transportieren. 1988 ist geplant, das Schwesterschiff OIHONNA in Dienst zu stellen und die

Das neue
Eisenbahnfährschiff
SASSNITZ.
Quelle: Zentrale
Bildstelle der DR

bisherigen Fähren FINNFELLOW und CAPELLA von der Linie abzuziehen. Folgende Tabelle gibt einen Überblick über die gegenwärtig von Helsinki, Kotka, Turku und Rauma nach Lübeck verkehrenden Schiffe:

Name	BRT	tdw	Baujahr
CAPELLA	6292	5454	1972
FINNFELLOW	6292	4995	1973
TRANSGERMANIA	5631	5233	1976
TRANSFINNLANDIA	11645	8110	1981
FINNSAILER	18100	8300	1987
OIHONNA	20203	12870	1988

Auf der Linie Hanko–Travemünde soll mit der RAILSHIP III (10000 tdw, 189,7 m Länge, 21,6 m Breite, 6,5 m Tiefgang) dem steigenden Kapazitätsbedarf Rechnung getragen werden.

In den kommenden Jahren wird sich der Fährverkehr voraussichtlich auf zwei wesentlichen Ebenen weiterent-wickeln: Während für den Gütertransport bei gleichgroßem Umfang zwischen Schienen- und Straßenverkehr immer größere und schnellere Schiffe mit hohen Ladekapazitäten und relativ kurzen Umschlagzeiten zum Einsatz kommen werden, dürften in der Passagierbeförderung neben komfortablen Großfähren auch schnelle und kleinere Fährschiffe den Betrieb aufnehmen.

Mit dem zu erwartenden Anstieg des Transportbedarfs im Verkehr zwischen den Hauptstädten Helsinki und Stockholm haben zwei Partner der Silja-Line, die finnische EFFOA und die schwedische Johnson Line AB, bei der Wärtsilä Marine Industries Inc.'s Turku je ein Fährschiff in Auftrag gegeben. Diese Schiffe sollen in den Jahren 1990/91 die FINLANDIA und die SILVIA REGINA ersetzen. Mit einer Kapazität von 50000 GT werden sie die größten bis dahin auf der Welt gebauten Fährschiffe mit folgenden technischen Daten sein: Länge: 200 m, Breite: 31,5 m, Tiefgang: 6,8 m, Antriebsleistung: 32000 kW, 2500 Passagiere, 450 Pkw bzw. 60 Lkw.

Natürlich gibt es auch immer wieder Pläne und weitreichende Vorstellungen, die Beförderungszeiten zu senken und hierfür bisherige Seeverbindungen durch Tunnel und Brücken zu ersetzen. Sie werden durch die gigantischen Verkehrsbauten in Japan und das Tunnelprojekt unter dem Ärmelkanal genährt. Dabei läßt sich auch nicht übersehen, daß Unfälle von Großfähren solchen Bestrebungen zusätzlich Auftrieb verleihen. So wurden zwischen Schweden und Dänemark seit 1975 sehr exakte Projekte erarbeitet, die einen Tunnel unter dem Öresund vorsehen. In Dänemark gibt es klare Vorstellungen, mit einem Tunnel zwischen Seeland und Sprogö und einer Hochbrücke von Sprogö nach Fünen eine feste Verbindung über den Großen Belt zu bauen.

Da der Beförderungsweg zwischen Hamburg und Kopenhagen über diese neue feste Verbindung jedoch 165 km länger ist als der über die »Vogelfluglinie«, wird von Verkehrsexperten die erwartete Leistungsverlagerung unterschiedlich eingeschätzt.

Unter dem Namen »Skandinavian-Link« wird ein Vorhaben in Betracht gezogen, die feste Öresundverbindung über den Fehmarnbelt fortzusetzen und damit Skandinavien mit Westeuropa optimal zu verbinden.

Wenn alle diese Pläne eines Tages Realität werden sollten, wird der Fährverkehr bei der Lösung der Transportaufgaben auch in der Zukunft seinen Platz haben.

Typenteil: PRINZ HEINRICH

Eisenbahn- und Passagierfähre /
Flagge Deutschland /
Eigner, Reeder Preußische Staatsbahnen bis 1896, später Preußisch-Hessische Staatsbahnen /
Baujahr 1882 / Bauwerft F. Schichau Werft, Elbing /
Länge über alles 35,6 m / Breite 9,4 m /
Tiefgang 1,6 m / Nutzlast 60 t /
Antriebsleistung 110 kW / Geschwindigkeit 8 kn /
Kapazität 1 Gleis mit 32,3 m Länge für 3 Eisenbahnwagen, 150 Passagiere

Bei der PRINZ HEINRICH wie auch bei den Schiffen RÜGEN I (1883) und STRALSUND (1890) handelte es sich um Strelasundfähren der ersten Generation, mit denen der Trajektverkehr zwischen Stralsund und Altefähr auf der Insel Rügen (Eröffnung am 1. Juli 1883) durchgeführt wurde.

Die Schiffe waren durch die verhältnismäßig kleinen Abmessungen nur für den anfallenden regionalen Transport, nicht aber für den später stark anwachsenden internationalen Verkehr geeignet. Alle drei Dampfer entstanden nach denselben Konstruktionsprinzipien: prahmartiger Schiffskörper, mittige Anordnung von einem Gleis und auf einem Portal in Schiffsmitte die Kommandobrücke.

Um auch bei Eisgang den Trajektdienst aufrechterhalten zu können, wurden die Schiffe mit einem flachen Bug ausgerüstet, welcher sich auf das Eis schob und dieses durch die Schiffsmasse brach. Für den Ausgleich un-

terschiedlicher Beladungszustände war eine Trimmanlage an Bord vorhanden. Für die Passagiere gab es unter Deck beheizbare Aufenthaltsräume in I. und II. Klasse.

Den Antrieb bildeten zwei Zweizylinder-Verbunddampfmaschinen von 260 mm Hub mit Oberflächenkondensation zu je 30 PS indizierter Leistung und einem Schraubenpropeller. Die Kesselheizfläche betrug 60 m². Der Verbrauch von Steinkohle lag maximal bei 1 kg je PSi. Da alle Schiffe nur als Buganleger gebaut waren, mußte vor dem Anlegen ein Wendemanöver gefahren werden. Dieser Mangel führte bald zum Einsatz größerer Einheiten der zweiten und dritten Generation, welche als Bug- und Heckanleger ausgeführt waren.

Die PRINZ HEINRICH wurde 1901 nach Danzig verkauft, wo sie als Eisenbahnfähre im Einsatz war. Später soll sie an die Türkei gegangen sein.

Als SWINEMÜNDE war die RÜGEN ab 1901 im Verkehr über die Swine eingesetzt. 1939 kaufte die Stadt Stettin das Schiff, das jedoch am 23. August 1940 auf der Überfahrt nach Svendborg, wo es für Kriegszwecke umgebaut werden sollte, sank.

Die STRALSUND kam nach einem Umbau in Saßnitz als Schlepper zum Einsatz. Während des Krieges diente sie zum Übersetzen von Raketenteilen für die Heeresversuchsstelle Peenemünde. Ab 1950 verkehrte die Fähre zwischen Wolgast/Hafen und Wolgaster Fähre, um Güterwagen und Lokomotiven für die Inselbahn zu trajektieren. Heute noch in Betrieb, wurde sie zum technischen Denkmal erklärt.

Quelle: Stadtarchiv Stralsund

KORSØR

Eisenbahn- und Passagierfähre /
Flagge Dänemark /
Eigner, Reeder Dänische Staatsbahnen (DSB) /
Baujahr 1883 /
Bauwerft Kockums Mekaniska Verksteden Malmö /
Länge über alles 77,42 m / Breite 17,68 m /
Tiefgang 3,11 m / Vermessung 945 BRT, 364 NRT /
Antriebsleistung 883 kW /
Geschwindigkeit 12,25 kn /
Kapazität 2 Gleise mit 120 m Länge für 16 Güterwagen,
110 Passagiere

Die KORSØR war die erste Eisenbahnfähre, die für den Großen Belt gebaut und dort eingesetzt wurde. Das Schiff hatte einen durch zwei Hoch- und Niederdruck-Dampfmaschinen bewegten Radantrieb. Pro Stunde wurden etwa 1,2 t Kohle verbraucht. Der Durchmesser der Schaufelräder betrug 6,02 m. Das Schiff verfügte vorn und achtern über je ein Ruder.

Nachdem die KORSØR bis 1914 auf dem Großen Belt im Einsatz war, kam sie kurzfristig zwischen Kalundborg und Aarhus in Fahrt, um dann wiederum den Großen Belt zu befahren. 1923 wurde die Eisenbahn- und Passagierfähre außer Dienst gestellt und an eine deutsche Firma verkauft.

Schwesterschiff der KORSØR mit den gleichen technischen Daten war die NYBORG, die 1883 in Dienst gestellt werden konnte.

Quelle: Jernbanemuseet

SJÆLLAND

Eisenbahn- und Passagierfähre /
Flagge Dänemark /
Eigner, Reeder Dänische Staatsbahnen (DSB) /
Baujahr 1887 /
Bauwerft Burmeister og Wains Skibsværft København /
Länge über alles 83, 46 m / Breite 17,68 m /
Tiefgang 3,10 m / Vermessung 985 BRT, 506,31 NRT /
Antriebsleistung 1 323 kW /
Geschwindigkeit 11,3 kn /
Kapazität 2 Gleise mit 132 m Länge,
nach Umbau 144 m, 900 Passagiere

Die SJÆLLAND, ein Raddampfer auf dem Großen Belt,
war mit zwei Hoch- und Niederdruckdampfmaschinen
ausgerüstet. Durch den großen Transportbedarf auf dieser Route machte sich 1909 ein Umbau erforderlich. Das Schiff wurde durch eine mittschiffs eingesetzte Sektion um 6 m verlängert. Dadurch erhöhte sich die Länge der effektiv nutzbaren Gleise auf 144 m sowie die Leistungsfähigkeit auf 2 584 kW. Gleichzeitig erhielt das Schiff Trimmtanks zur Stabilisierung, was sich auf eine optimale Beladung günstig auswirkte. Auch die Farbgebung sowie der Aufbau (Steuerhaus vor dem vorderen Schornstein) dieser Eisenbahn- und Passagierfähre wurden verändert.

Die SJÆLLAND hatte einige Havarien. Sie erhielt daher den Beinamen »Großer-Belt-Schreck«. Das Schiff wurde 1933 zur Verschrottung verkauft.

Quelle: Jernbanemuseet

JYLLAND

Eisenbahn- und Passagierfähre /
Flagge Dänemark /
Eigner, Reeder Dänische Staatsbahnen (DSB) /
Baujahr 1894 /
Bauwerft Burmeister og Wain Skibsværft København /
Länge über alles 56,08 m / Breite 14,63 m /
Tiefgang 3,99 m / Vermessung 758,52 BRT, / 296,67 NRT /
Antriebsleistung 588 kW, nach Umbau 1 250 kW /
Geschwindigkeit (nach Umbau) 12,5 kn /
Kapazität 2 Gleise mit 81,40 m Länge für 8 Güterwagen, 600 Passagiere

Vor 1894 war in Eiswintern kein Fährverkehr auf dem Großen Belt möglich. Erstmals mit der JYLLAND, einem Einschraubenschiff mit Eisbrechereigenschaften, wurde der Fährverkehr ganzjährig auf dem Großen Belt ge-

Quelle: Nyborg Museum

währleistet. Das Schiff hatte ursprünglich eine Hoch- und Niederdruckdampfmaschine, die jedoch beim Umbau nach dem Eiswinter 1928/29 durch eine starke Dreifach-Expansionsdampfmaschine ersetzt wurde. Bei diesem Umbau erhielt die JYLLAND auch eine moderne Kommandobrücke vor dem Schornstein.

Als die Staatsbahnen 1933 ein neues Motorschiff auf der Route Kalundborg–Samsö–Aarhus ebenfalls unter dem Namen JYLLAND in Dienst stellten, wurde die dänische Eisenbahn- und Passagierfähre JYLLAND in FENRIS umbenannt.

Das Schiff fuhr als Eisbrecherfähre bis 1947. Erst 1952, bis zu diesem Zeitpunkt diente sie als Reservefähre, wurde sie an die Niederlande verkauft.

KJØBENHAVN

Eisenbahn- und Passagierfähre /
Flagge Dänemark /
Eigner, Reeder Dänische Staatsbahnen (DSB) /
Baujahr 1895 /
Bauwerft Burmester & Wains Skibsværft, København /
Länge über alles 84,73 m / Breite 11,68 m /
Tiefgang 3,23 m / Vermessung 1 091 BRT, 424 NRT /
Antriebsleistung 1 323 kW / Geschwindigkeit 12,5 kn /
Kapazität 2 Gleise mit einer Länge von 139 m für 18 Güterwagen, 900 Passagiere

Die Fähre, ein Raddampfer mit je neun Schaufeln, konnte nur mit dem Achtersteven anlegen. Im Laufe der Jahre wurde die KJØBENHAVN mehrmals umgebaut. Dabei verlängerte man die Schornsteine und errichtete hinter dem achteren Schornstein eine zweite Kommandobrücke. 1908 erhielt das Schiff eine weitere Kommandobrücke vor dem vorderen Schornstein.

Die KJØBENHAVN war der gleiche Typ wie die ältesten Fähren des Großen Belt KORSØR, NYBORG und SJÆLLAND, nur 3 m länger. Sie hatte noch keine Ballasttanks zum Trimmen (diese wurden erst 1903 mit den Gedserfähren eingeführt).

Den Rumpf hatte man Schwarz, die Aufbauten in hellgelber Farbe gehalten. Die Schornsteine waren schwarz mit den Farben der dänischen Flagge als Band.

MALMÖ

Eisenbahn- und Passagierfähre /
Flagge Schweden /
Eigner, Reeder Schwedische Staatsbahnen (SJ) /
Baujahr 1900 /
Bauwerft Kockums Mekaniska Verksteden AB, Malmö /
Länge über alles 81,69 m / Breite 15,54 m /
Tiefgang 3,20 m / Vermessung 1513 BRT, 731 NRT / −
Antriebsleistung 1472 kW /
Geschwindigkeit 13,25 kn /
Kapazität 2 Gleise mit 140 m Länge, 18 Güterwagen,
949 Passagiere

Im August 1900 lief Schwedens erste Eisenbahndampf-
fähre vom Stapel. Sie versah 45 Jahre auf der Linie
Malmö–Kopenhagen ihren Dienst. Die Fähre besaß
drei Decks. Auf dem Hauptdeck befanden sich zwei
Eisenbahngleise, auf denen 18 beladene zweiachsige
Eisenbahnwagen trajektiert werden konnten. Beladen
wurde die Fähre über das Heck. Um den Abtrieb in den
für seine starken Strömungsverhältnisse bekannten Ge-
wässern im Sund zwischen Malmö und Kopenhagen zu
verringern, hatte man die Dampffähre mit Schlingerkie-
len ausgerüstet.

Das Schiff war mit vier Dampfkesseln für den Antrieb
der Propellermaschine sowie einem Donkeykessel für
die Wärmeführung, die elektrische Beleuchtung u. a.
ausgestattet. Neben den beiden Hauptmaschinen gab es
kleinere Dampfmaschinen für unterschiedliche Zwecke
an Bord, wie beispielsweise das Betreiben der Zirkula-
tionspumpen zur Abkühlung der Kondensatoren.

Mehrere Restaurants und verschiedene Salons standen den Reisenden zur Verfügung. Auf dem Promenadendeck, das von einem Sonnensegel geschützt wurde,
waren bequeme Sitzgelegenheiten vorhanden. Die
MALMÖ wurde 1946 ins Ausland verkauft. Kurz danach
sank sie.

Quelle: Sammlung Autoren

STORE-BÆLT

Eisenbahn- und Passagierfähre /
Flagge Dänemark /
Eigner, Reeder Dänische Staatsbahnen (DSB) /
Baujahr 1900 /
Bauwerft Burmeister og Wains Skibsværft København /
Länge über alles 85,04 m / Breite 17,68 m /

Tiefgang 3,23 m / Vermessung 1114 BRT, 425 NRT /
Antriebsleistung 919 kW / Geschwindigkeit 12 kn /
Kapazität 2 Gleise mit 137, 88 m Länge für 18 Güterwagen, 900 Passagiere

Die STORE-BÆLT, die nach ihrem Schwesterschiff KJØ-

Quelle: Jernbanemuseet

BENHAVN gebaut wurde, war das letzte mit Radantrieb ausgerüstete Fährschiff, das für die Route Korsør–Nyborg bestimmt war. Die STORE-BÆLT verfügte über eine Hoch- und Niederdruckdampfmaschine, die die beiden Räder mit je zwölf Schaufeln und mit einem Durchmesser von 5,83 m antrieben. Bug und Heck waren mit je einem Ruder versehen.

Das Fährschiff wurde im September 1900 auf dem Großen Belt eingesetzt, nachdem es nach Indienststellung zunächst zwei Monate zwischen Kopenhagen und Malmö verkehrt hatte. 1930 baute man die STORE-BÆLT zu einer Autofähre mit einer Kapazität von 48 Pkw um. Das Vorschiff erhielt dabei ein Schutzdeck gegen Spritzwasser, die Kommandobrücke wurde verbreitert. Die Größe des Schiffes erhöhte sich; allerdings wurde die mögliche zu befördernde Personenzahl auf 583 herabgesetzt. Das Schiff war bis 1938 im Einsatz und wurde dann zur Verschrottung verkauft.

FRIEDRICH FRANZ IV

Eisenbahn- und Passagierfähre /
Flagge Deutschland /
Eigner, Reeder Großherzogliche-Mecklenburgische-Friedrich-Franz-Eisenbahn (1903-1920), Deutsche Reichsbahn (DR, 1920-1924), Deutsche Reichsbahn-Gesellschaft (DRG, 1924-1926) /
Baujahr 1903 / Bauwerft F. Schichau, Elbing /
Länge über alles 85,3 (103,2) m / Breite 18,75 m /
Tiefgang 3,7 m / Vermessung 1402 (1746) BRT, (696) NRT /

Tragfähigkeit 300 tdw /
Antriebsleistung 1764 kW /
Geschwindigkeit 13,5 kn /
Kapazität 1 Gleis mit 79,5 m Länge für 10 Güterwagen, (2 Gleise mit 125 m für 15 Güterwagen) / 800 Passagiere

Am 30. September 1903 lief der Schaufelraddampfer FRIEDRICH FRANZ IV zur feierlichen Eröffnung der ersten Fahrt auf der Fährlinie Warnemünde–Gedser von Warnemünde nach Gedser aus. Das Schiff war für die

Quelle: Sammlung Autoren

Beförderung von Eisenbahnwagen sowie Passagieren vorgesehen. Salons, Speiseräume, Kabinen und ein Promenadendeck boten den Passagieren einen angenehmen Aufenthalt.

Auf dem Eisenbahndeck war ein Gleis über die gesamte Schiffslänge verlegt. Nach dem erfolgreichen Umbau der PRINSESSE ALEXANDRINE wurde auch die FRIEDRICH FRANZ IV 1906 auf der Rostocker Neptunwert verlängert und mit zwei Gleisen ausgerüstet. Bei diesem Umbau des Fährschiffes konnten zwei der vier ursprünglichen Schornsteine demontiert werden, da man die Rauchgasleitungen zwischen den Gleisen nach oben gelegt hatte.

Die FRIEDRICH FRANZ IV war bis 1926 im Fährdienst, da es der DRG erst zu diesem Zeitpunkt möglich wurde, ein Ersatzschiff bauen zu lassen. Nach dem Einsatz der SCHWERIN wurde sie 1927 aus dem Verkehr gezogen und später abgewrackt.

MECKLENBURG

Eisenbahn- und Passagierfähre /
Flagge Deutschland /
Eigner, Reeder Großherzogliche-Mecklenburgische Friedrich-Franz-Eisenbahn (1903-1920), Deutsche Reichsbahn (DR, 1920-1924), Deutsche Reichsbahn-Gesellschaft (DRG, 1924-1937), Deutsche Reichsbahn (DR, 1937-1945)
Baujahr 1903 /
Bauwerft F. Schichau, Danzig /
Länge über alles 86,5 m / Breite 17,7 m /
Tiefgang 4,12 m / Vermessung 1547 BRT, 782 NRT /
Tragfähigkeit 400 tdw /

Antriebsleistung 2058 kW /
Geschwindigkeit 13,5 kn /
Kapazität 2 Gleise mit 125 m Länge für max. 15 Güterwagen, 725 Passagiere

Die MECKLENBURG, insbesondere für den Güterverkehr vorgesehen, lief 1903 in Danzig vom Stapel. Um auch bei Eisgang den Fährverkehr aufrecht erhalten zu können, was mit den Schaufelraddampfern FRIEDRICH FRANZ IV und PRINSESSE ALEXANDRINE nicht möglich war, hatte man den Bug verstärkt und sie mit zwei Schrauben als Antriebsmittel versehen. Sie war, wie auch die PRIN-

Quelle: Sammlung Autoren

SESSE ALEXANDRINE, und die FRIEDRICH FRANZ IV, bis zum Hauptdeck verschottet. Als Antriebskraft dienten zwei Dreifach-Expansionsdampfmaschinen. Den erforderlichen Dampfdruck erzeugten zwei Kessel. Die 1924 vorgenommene Modernisierung (statt Zylinderkessel nun Wasserrohrkessel) und der 1935 vorgenommene Umbau (Verbesserungen der Personenbeförderung) veränderten auch das äußerliche Bild des Fährschiffes. An der Anordnung der beiden Gleise auf dem Eisenbahndeck und der Bug- und Heckanlegemöglichkeit wurde bis 1945 nichts geändert.

Am 1. Mai 1945 lief die MECKLENBURG das letzte Mal nach Gedser aus, wo sie interniert wurde. 1946 an die Sowjetunion als Reparationsleistung übergeben, wurde sie hier als TURGENJEW eingesetzt. Am 18. November 1947 kam sie unter polnischer Flagge als WAZA und später als KRUSZEWSKI in Fahrt. Von 1948 bis 1953 diente sie als Eisenbahnfähre KOPERNIK auf der Linie Trelleborg–Odra Port. Nach der Einstellung dieser Verbindung nutzte man die ehemalige MECKLENBURG unter dem Namen KOLEJARZ als Kulturschiff. Später wurde sie Wohn- und Kesselschiff in Gdansk, bis man sie 1958 verschrottete.

PRINS CHRISTIAN

Eisenbahn- und Passagierfähre /
Flagge Dänemark /
Eigner, Reeder Dänische Staatsbahnen (DSB) /
Baujahr 1903 /
Bauwerft Helsingør Skibsværft A/S, Helsingør /
Länge über alles 90,8 m / Breite 17,7 m /
Tiefgang 4,8 m / Vermessug 1824 BRT, 745 NRT /
Tragfähigkeit 300 tdw /
Antriebsleistung 1911 kW / Geschwindigkeit 13,7 kn /
Kapazität 2 Gleise mit 124 m Länge für 16 Güterwagen, 900 Passagiere

Die PRINS CHRISTIAN wurde von den DSB als Güterfähre für die Linie Gedser–Warnemünde bestellt. Nachdem das Schiff am 16. Mai 1903 vom Stapel gelaufen war, kam es ab 1. Oktober 1903 auf dieser Linie zum Einsatz.

Die PRINS CHRISTIAN war ein Doppelschraubenschiff, welches durch zwei Dreifach-Expansionsdampfmaschinen angetrieben wurde. Mit Bug- und Heckruder ausgerüstet, diente es bei Eisgang in den Wintermonaten als Eisbrecher, so wie auch die MECKLENBURG. Auf dem Eisenbahndeck befanden sich zwei Gleise, die jeweils am Bug und am Heck über eine Verschlingung in einem Gleis endeten, so daß die Fährhäfen über Bug oder Heck bedient werden konnten.

Nachdem die PRINS CHRISTIAN 1922 durch die DANMARK ersetzt werden konnte, wurde sie umgebaut und modernisiert und auf dem Öresund zwischen Kopenhagen und Malmö eingesetzt. Nach dem zweiten Weltkrieg diente sie als Reserveschiff für die Linie Gedser–War-

nemünde. In dieser Zeit verkehrte sie zeitweise auf dem Großen Belt. 1954 aus dem Verkehr gezogen, wurde sie ab März 1955 verschrottet.

Quelle: „Eisenbahnfähren in Westeuropa"

CHRISTIAN IX

Eisenbahn- und Passagierfähre /
Flagge Dänemark /
Eigner, Reeder Dänische Staatsbahnen (DSB) /
Baujahr 1908 /
Bauwerft Burmeister og Wains Skibsværft København /
Länge über alles 88,90 m / Breite 17,70 m /
Tiefgang 3,65 m / Vermessung 1503 BRT, 590 NRT /
Antriebsleistung 1654 kW /
Geschwindigkeit etwa 15 kn /
Kapazität 2 Gleise von insgesamt 157 m Länge, 1200 Passagiere

Die CHRISTIAN IX war das erste Fährschiff auf dem Großen Belt, das von zwei Schiffsschrauben angetrieben wurde. Ausgerüstet mit einer Hoch- und Niederdruckdampfmaschine, für deren Betrieb 1,2 t Kohle pro Stunde notwendig waren, verfügte das Fährschiff über Trimmtanks, die optimale Beladungsmöglichkeiten erlaubten. Viele Jahre auf dem Großen Belt eingesetzt, wurde die CHRISTIAN IX 1926 umgebaut.

1940 lief das Fährschiff auf eine Mine. Nach notwendigen Reparaturen kam es wieder auf der Linie Korsør–Nyborg zum Einsatz, bis es von der deutschen Kriegsmarine beschlagnahmt und in ihren Dienst gestellt wurde. Nach der Rückgabe an Dänemark vergrößerte man das Schiff durch Umbau auf 1651,29 BRT und 651,45 NRT und verlängerte die Spur der Gleise von 143 m auf 157 m, um es dann wieder auf der gleichen Route zum Einsatz zu bringen. 1964 fuhr die ehemalige CHRISTIAN IX als Autofähre und unter dem Namen BORGHOLM zwischen dem schwedischen Festland und Öland. 1965 wurde sie verschrottet.

Quelle: Jernbanemuseet

DEUTSCHLAND

Eisenbahn- und Passagierfähre /
Flagge Deutschland /
Eigner Deutsche Reichsbahn (DR) /
Reeder Preußisch-Hessische-Staatsbahnen bis 1920, 1920–1924 und ab 1937 DR, 1924–1937 Deutsche Reichsbahn-Gesellschaft (DRG) /
Baujahr 1909 /
Bauwerft Schiffswerft AG »Vulcan«, Stettin /
Länge über alles 113,8 m / Breite 16,2 m /
Tiefgang 4,9 m / Vermessung 2972 BRT, 1095 NRT /
Tragfähigkeit 2412 tdw / Antriebsleistung 3974 kW /
Geschwindigkeit 16,5 kn /
Kapazität 2 Gleise mit 160 m Länge für max. 18 Güterwagen, 975 Passagiere

Quelle: Sammlung
Autoren

Nach dem Stapellauf am 17. Februar 1909 nahm die DEUTSCHLAND am 7. Juli des gleichen Jahres den fahrplanmäßigen Betrieb auf der einen Tag zuvor eröffneten Fährlinie Saßnitz–Trelleborg auf. In der Zeit des ersten Weltkrieges mußte die Eisenbahn das Fährschiff an die Kaiserliche Marine übergeben, wo sie, umgerüstet als Hilfsminenleger und Transportschiff, eingesetzt wurde. 1919 erhielt die Eisenbahn ihre Fähre zurück. Nach kurzer Einsatzzeit zwischen Stettin und Pillau kehrte die DEUTSCHLAND auf ihre Heimatlinie zurück.

Abgesehen von wenigen Unregelmäßigkeiten, wie beispielsweise 1924 ein vierwöchiger Einschluß im Eis sowie 1929 eine Grundberührung vor Trelleborg, versah das Schiff bis zum Beginn des zweiten Weltkrieges zuverlässig seinen Dienst. 1940 übernahm die deutsche Kriegsmarine das Fährschiff. Die Eisenbahnfähre, nach den Umbauten als solche kaum noch erkennbar, wurde mit dem Namen STRALSUND für eine geplante militärische Operation in Le Havre stationiert. Noch im gleichen Jahr kehrte das Schiff als Eisenbahnfähre nach Saßnitz zurück und nahm den Trajektdienst nach Trelleborg wieder auf. Im Herbst 1942 wurde die DEUTSCHLAND durch Kriegseinwirkung stark beschädigt, so daß sie bis zum Frühjahr 1943 nicht mehr fahrtüchtig war. Nach Reparatur und Einbau neuer Kessel nahm sie den Dienst wieder auf. Im Mai 1945 wurde sie in Kopenhagen von britischen Behörden beschlagnahmt und im Frühjahr 1946 als Reparationsleistung an die Sowjetunion übergeben. Unter dem neuen Namen ANIVA verließ sie den Hafen von Lübeck. Später wurde sie abgewrackt.

DROTTNING VICTORIA

Eisenbahn-, Auto- und Passagierfähre /
Flagge Schweden /
Eigner, Reeder Schwedische Staatsbahnen (SJ) /
Baujahr 1909 / Geschwindigkeit 16 kn /

Bauwerft Swan Hunter / Wigham Richardson, Newcastle /
Länge über alles 113,3 m / Breite 16,2 m /
Tiefgang 5,18 m / Vermessung 3302 BRT, 1415 NRT /

Quelle: Zentrale
Bildstelle der DR

Tragfähigkeit 2399 tdw / Antriebsleistung 3386 kW / Kapazität 2 Gleise mit 165 m Länge für 16 bis 18 Güterwagen, 975 Passagiere

Am 6. Juli 1909 eröffnete die Drottning Victoria mit dem höchsten Repräsentanten des Landes an Bord, König Gustav V., die neu errichtete Fährverbindung über die Ostsee von Saßnitz nach Trelleborg.

Bemerkenswert ist die lange Einsatzzeit des Eisenbahnfährschiffes. Mit 59 Jahren Fährdienst ist die Drottning Victoria bislang der Rekordhalter unter allen, die Ostsee überquerenden Fähren. Bis auf wenige Ausnahmen war sie, auch während der Kriegsjahre, stets zuverlässig. Lediglich im Jahre 1929 lösten sich Eisenbahnwagen aus den Verankerungen und gingen über Bord. Im zweiten Weltkrieg wurde das Schiff mit magnetischen Eigenschutzanlagen ausgerüstet, um somit der zunehmenden Minengefahr ausweichen zu können.

Nach dem zweiten Weltkrieg verkehrte die Drottning Victoria bis zur Wiederherstellung der Fähranlagen in Saßnitz und der erneuten Inbetriebnahme des Rügendamms auf anderen Linien, wie beispielsweise zwischen Trelleborg und Gdynia, sowie Trelleborg und Swinoujscie. Ab 1948 kehrte sie wieder auf ihre Heimatroute zurück, leistete aber zwischenzeitlich auch zwischen Trelleborg und Warnemünde, Trelleborg und Travemünde sowie Malmö und Kopenhagen Trajektdienste, um dann endgültig nur noch auf der »Königslinie« eingesetzt zu werden. 1952 wurde das Schiff auf Ölfeuerung umgestellt und mit modernen Schornsteinen versehen.

Mit der Inbetriebnahme der Trelleborg im Jahre 1958 diente die Drottning Victoria nur noch als Reserveschiff. 1968 wurde sie außer Dienst gestellt und abgewrackt.

PREUSSEN

Eisenbahn- und Passagierfähre / Flagge Deutschland / Eigner Deutsche Reichsbahn (DR) /

Reeder Preußisch-Hessische-Staatsbahnen bis 1920, 1920 bis 1924 und ab 1937 DR, 1924 bis 1937 Deutsche Reichsbahngesellschaft (DRG) /

Quelle: Sammlung Autoren

Baujahr 1909 /
Bauwerft Schiffswerft AG »Vulkan«, Stettin /
Länge über alles 113,8 m / Breite 16,2 m /
Tiefgang 4,9 m / Vermessung 2954 BRT / 1090 NRT /
Tragfähigkeit 2423 tdw /
Antriebsleistung 3974 kW /
Geschwindigkeit 16,5 kn /
Kapazität 2 Gleise mit 160 m Länge für 16 bis 18 Güter-
wagen, 975 Passagiere

Am 3. April 1909, nur einen Monat nach dem Stapellauf
der DEUTSCHLAND, wurde die PREUSSEN zu Wasser gelas-
sen. Den Regelbetrieb auf der neuen Fährlinie nahm sie
gemeinsam mit dem Schwesterschiff am 7. Juli 1909 auf.

Zu Beginn des ersten Weltkrieges wurde sie kurzzeitig an die Kaiserliche Marine übergeben. Ein Einsatz für
militärische Zwecke kam jedoch nicht zustande, so daß
das Fährschiff bereits nach zehn Tagen seinen Betrieb

auf der Fährlinie wieder aufnehmen konnte.

Bis auf wenige Unterbrechungen, wie beispielsweise
nach einer Kollision 1915 mit einem Torpedoboot der
Kaiserlichen Marine, 1924 und 1937 durch Eiseinschluß,
war die PREUSSEN bis 1937 kontinuierlich im Einsatz. Im
Dezember dieses Jahres geriet die PREUSSEN in eine be-
drohliche Situation, als sie bei Orkan auf die Klippen
vor Stubbenkammer geworfen wurde und infolge
schweren Wassereinbruchs sank. Erst nach Wochen
konnte sie gehoben werden. Nach der Reparatur stand
sie für den Fährdienst wieder zur Verfügung.

In den letzten Kriegsmonaten des zweiten Weltkriegs
diente die PREUSSEN als Verwundetentransporter. 1946
wurde sie, wie die DEUTSCHLAND, als Reparationsleistung an die Sowjetunion übergeben und verließ mit
dem neuen Namen KRILYON den Hafen von Lübeck, um
als Fahrgastschiff im Fernen Osten eingesetzt zu werden. Später wurde sie abgewrackt.

Konung Gustaf V.

Eisenbahn-, Auto- und Passagierfähre /
Flagge Schweden /
Eigner, Reeder Schwedische Staatsbahnen (SJ) /
Baujahr 1910 /
Bauwerft Actienbolaget Lindholmens Varv, Göteborg /
Länge über alles 113,4 m / Breite 16,2 m /
Tiefgang 5,18 m / Vermessung 3268 BRT, 1414 NRT /
Tragfähigkeit 2402 tdw / Antriebsleistung 4269 kW /
Geschwindigkeit 16,5 kn /
Kapazität 2 Gleise mit 165 m Länge für 16 bis 18 Güterwagen, 975 Passagiere

Am 14. März 1910 nahm die Konung Gustaf V. als zweites schwedisches Fährschiff den Trajektdienst auf der Trelleborg-Saßnitz-Route auf. Sie verkehrte ununterbrochen bis zur Einstellung des Fährverkehrs zwischen Schweden und Deutschland im Jahre 1944 auf dieser Linie.

1940 wurde sie, wie die Drottning Victoria, mit magnetischen Eigenschutzanlagen als Schutzmaßnahme vor der sich ständig vergrößernden Minengefahr ausgerüstet. Auch die Konung Gustaf V. wurde nach dem Kriegsende zunächst auf anderen Routen, wie z.B. Trelleborg–Gdynia, Trelleborg–Warnemünde und Trelleborg–Swinoujscie eingesetzt, bevor sie 1948 wieder auf ihre Heimatroute zurückkehrte. 1951 fand der Umbau auf Ölfeuerung statt. 1952 kam sie nochmals zwischen Trelleborg und Warnemünde zum Einsatz. Ab 1953 kehrte sie, wie auch die Drottning Victoria und die Starke, endgültig bis zur Außerdienststellung im Jahre 1968 auf die Saßnitz-Trelleborg-Linie zurück. Ab 1959 versah sie allerdings nur noch Reservedienst, da die DR zu diesem Zeitpunkt die Sassnitz in Betrieb nahm.

Mit 58 Jahren Fährdienst hat sie nur ganz knapp den Rekord ihres Schwesterschiffes Drottning Victoria verfehlt.

Quelle: Sammlung
Foerster

Eisenbahn-, Auto- und Passagierfähre /
Flagge Dänemark /
Eigner, Reeder Dänische Staatsbahnen (DSB) /
Baujahr 1922 /
Bauwerft Helsingør Skibsværft A/S, Helsingør /
Länge über alles 101,7 m /Breite 18,73 m /
Tiefgang 4,5 m /Vermessung 2727 BRT, 1264 NRT /
Tragfähigkeit 500 tdw /
Antriebsleistung 2648 kW /
Geschwindigkeit 15,5 kn /
Kapazität 2 Gleise mit 157 m Länge für ca. 20 Güter-
wagen oder entsprechende Anzahl Pkw
1098 Passagiere

Der Einsatz der Doppelschraubendampffähre DANMARK
mit ihrer wesentlich größeren Kapazität sowie ihren
Passagiereinrichtungen machte die Ablösung der PRINS
CHRISTIAN und der PRINSESSE ALEXANDRINE auf dieser Linie möglich. Die DANMARK war die letzte Dampffähre,

die für die DSB gebaut wurde. Der Antrieb bestand aus
zwei Dreifach-Expansionsdampfmaschinen, welche jeweils eine Schraube antrieben. Das Eisenbahndeck besaß zwei Gleise, und die Ent- und Beladung konnte über
Bug und Heck vorgenommen werden.

Am 18. März 1945 wurde die DANMARK in Gedser versenkt. Sie konnte erst am 28. Juni 1945 wieder gehoben
werden. Die Werft Burmeister & Wain A/S in Kopenhagen reparierte das Schiff und stellte es gleichzeitig von
Kohle- auf Ölfeuerung um.

Am 10. Mai 1947 eröffnete die DANMARK die Linie
Gedser–Warnemünde nach dem zweiten Weltkrieg.
Neben dieser Linie bediente sie im Zeitraum 1951 bis
1963 auch die Linie Großenbrode–Gedser. Bis auf
einige Unterbrechungen, so 1956, wo durch starken Eisgang der Verkehr für sechs Wochen ruhte, versah die
DANMARK zuverlässig ihren Dienst. Am 14. April 1968
verließ sie das letzte Mal Warnemünde. Sie wurde außer
Dienst gestellt und in Belgien verschrottet.

Foto: Schäfer

SCHWERIN

Eisenbahn-, Auto- und Passagierfähre /
Flagge Deutschland /
Eigner, Reeder Deutsche Reichsbahn-Gesellschaft
(DRG, 1926–1937), Deutsche Reichsbahn
(DR ab 1937) /
Baujahr 1926 /
Bauwerft F. Schichau, Elbing /
Länge über alles 106,8 m / Breite 18,5 m /
Tiefgang 4,4 m / Vermessung 3133 BRT, 1107 NRT /
Tragfähigkeit 800 tdw / Antriebsleistung 3238 kW /
Geschwindigkeit 15,5 kn /
Kapazität 2 Gleise mit 161,4 m Länge für 18 bis
20 Güterwagen oder entsprechende Anzahl Pkw,
800 Passagiere

Nachdem die DSB 1922 die DANMARK in Betrieb nahmen, sah sich die DRG veranlaßt, ebenfalls ein Fährschiff mit annähernd gleichen Kapazitäten für den Trajektverkehr bauen zu lassen. Dieses Vorhaben wurde jedoch erst 1926 mit dem Einsatz des Doppelschrauben-Dampfschiffes SCHWERIN Wirklichkeit. Die Fähre, ein elegantes Schiff mit Schlafkabinen und Salons, bot den Passagieren einen angenehmen Aufenthalt an Bord. Mit zwei Dreifach-Expansionsdampfmaschinen wurde der in vier ölgefeuerten Zylinderkesseln erzeugte Dampf in die erforderliche Antriebskraft umgesetzt und auf zwei Schrauben übertragen. Von wenigen Unterbrechungen abgesehen (Eiseinschluß 1928/29, vom August bis November 1940 als Hilfsminenleger eingesetzt) versah die SCHWERIN mit großer Zuverlässigkeit die Arbeit im Trajektverkehr.

Am 22. Februar 1944 sank die SCHWERIN, als sie zur Reparatur in der Neptunwerft lag, nach zwei Bombentreffern. Im Oktober 1944 wurde sie gehoben, notdürftig abgedichtet und nach Warnemünde geschleppt. Von 1946 bis 1948 diente der Rumpf als Anlegemöglichkeit für Umbauschiffe in der Krögerwerft. Im Zeitraum 1948 bis 1950 wurde der Rumpf durch die Warnemünder Firma Hinrichs in Zusammenarbeit mit der Krögerwerft vollständig zerlegt und verschrottet.

Quelle: Sammlung Autoren

Korsør

Eisenbahn-, Auto- und Passagierfähre /
Flagge Dänemark /
Eigner, Reeder Dänische Staatsbahnen (DSB) /
Baujahr 1927 /
Bauwerft Helsingør Jernskibr og Maskinbyggeri,
Helsingør /
Länge über alles 96,80 m / Breite 17,70 m /
Tiefgang 4,27 m / Vermessung 2362,52 BRT, 955,49 NRT /
Antriebsleistung 3235 kW / Geschwindigkeit 15,5 kn /
Kapazität 3 Gleise mit 241 m Länge für 30 Güterwagen,
1500 Passagiere

Diese Korsør war die erste Motorfähre der DSB, die
mit zwei 4-Takt-8-Zylinder-Dieseselmotoren, zwei
Schrauben mit einem Durchmesser von jeweils 3 m,
Heck- und Bugruder und drei Gleisen ausgerüstet
wurde. Die Beladung der Eisenbahndecks erfolgte über
Bug. Indem das Deck hinten und vorne offen war, bot es
keinen Schutz für die Eisenbahnwagen vor Witterungs-
unbilden. Die zwei Schornsteine standen nicht mehr
hintereinander, sondern nebeneinander. Andererseits
war die Korsør die letzte Fähre auf dem Großen Belt
mit der alten, traditionellen Farbgebung: der Rumpf
war schwarz, die Aufbauten unten gelb, oben weiß. Das
Schiff hatte als Neuheit eine doppelte Kommandobrücke, so daß es möglich war, von zwei Decks aus zu
navigieren, was sich jedoch nicht bewährte und die man
bei einem späteren Umbau samt dem oberen Teil wieder
entfernte.

Die Korsør mußte mehrmals in Detroit umgebaut
werden. Hervorzuheben ist die Modernisierung 1967,
als gleichzeitig eine neue Hauptmaschine eingebaut
wurde. Für mehrere Jahre verkehrte das Schiff zeitwei-
lig auch auf der Route Kopenhagen–Malmö.
Nach Außerdienststellung 1981 gründeten Bürger von
Korsør eine Interessengemeinschaft, die die Fähre erhalten und als Museumsschiff gestalten wollte. Diese
Pläne scheiterten jedoch. Die Korsør wurde in Nyborg
aufgelegt und danach nach Spanien zum Verschrotten
geschleppt.

Quelle: Helsingør Værft

Eisenbahn- und Passagierfähre /
Flagge Schweden /
Eigner, Reeder Schwedische Staatsbahnen / (SJ) /
Baujahr 1930, Umbau 1946 /
Bauwerft Deutsche Werke AG, Kiel, Umbau Kockums AB, Malmö /
Länge über alles 94 m, 111,5 m / Breite 15,84 m /
Tiefgang 5,18 m, 5,84 m /
Vermessung 2459, 3092 BRT; 706 NRT /
Tragfähigkeit 2232, 2715, tdw /
Antriebsleistung 4048, 4416 kW /
Geschwindigkeit 13,5 kn /
Kapazität (vor dem Umbau) 3 Gleise mit 230 m Länge für 22 Güterwagen, 200 Passagiere

Wegen der in den Wintermonaten immer wieder auftretenden Schwierigkeiten, bei starker Eisbildung den Fährverkehr aufrechtzuerhalten, entschlossen sich die am Fährverkehr auf der Trelleborg-Saßnitz-Linie beteiligten Eisenbahnverwaltungen zum Bau einer kombinierten Eisbrecher-/Eisenbahngüterfähre. Die Finanzierung dieses Vorhabens wurde gemeinsam getragen.

Die Besatzung stellten die SJ und demzufolge übernahmen auch sie die Bereederung. Ihrer Funktion entsprechend unterschied sich die Starke im Aussehen von den anderen auf der »Königslinie« laufenden Schiffen. Ein robuster Schiffsrumpf, besondere Schiffsschrauben und eine außerordentlich starke Maschinenanlage kennzeichneten dieses Schiff.

Die Indienststellung der Starke wirkte sich auf den Fährverkehr in den Wintermonaten stabilisierend aus. Ihr Einsatz hatte sich in den vielen Jahren des Trajektdienstes bewährt. Dennoch hatte auch sie einige heikle Situationen zu meistern. So lösten sich bei Eisaufbrucharbeiten 1937 einige Güterwagen aus ihren Verankerungen und verursachten eine gefährliche Schräglage. Es gelang jedoch, das Schiff in den Heimathafen Trelleborg zu bugsieren. Ein Ereignis mit besonders schweren Folgen trug sich im Jahre 1942 zu, als die Starke bei Eisaufbrucharbeiten für die Konung Gustav V. vor Saßnitz auf eine Treibmine lief und sank. Erst ein halbes Jahr später konnte sie gehoben und in Malmö auf der Werft von Kockums Mekaniska Verkstad AB repariert werden. Nach dreijährigen umfangreichen Reparatur- und Um-

Quelle: Sammlung Foerster

bauarbeiten auf der Werft nahm die nun um 17 m längere STARKE mit einer größeren Kapazität den Dienst bei den SJ wieder auf. Sie verkehrte bis 1953 auf mehreren Fährlinien, so z. B. Trelleborg–Gdynia, Trelleborg–Warnemünde, Trelleborg–Swinoujscie, Trelleborg–Saßnitz.

Erst 1953 kehrte sie für den ständigen Verkehr auf ihre Stammroute Trelleborg–Saßnitz zurück. Mit der Indienststellung der TRELLBORG und der SASSNITZ erhielt sie den Status einer Reservefähre. Fünf Jahre diente sie noch im Fährverkehr zwischen Schweden und Finnland (Stockholm– Värtahamm–Nadendal) und Schweden und Dänemark (Malmö – Kopenhagen). 1972 wurde sie endgültig außer Dienst gestellt und abgewrackt.

FREIA

Eisenbahn-, Auto- und Passagierfähre /
Flagge Dänemark /
Eigner, Reeder Dänische Staatsbahnen (DSB) /
Baujahr 1936 /
Bauwerft Aalborg Værft, Aalborg /
Länge über alles 78,17 m / Breite 12,62 m / Tiefgang 4 m /
Vermessung 1428,69 BRT; 616,41 NRT /
Antriebsleistung 2463 kW /
Geschwindigkeit 15,25 kn /
Kapazität 1 Gleis mit 71 m Länge für 8 Güterwagen, 20 Lkw oder 55 Pkw, 1000 Passagiere

Die FREIA war zwar als Eisenbahnfähre ausgelegt, ihr Einsatz auf dem Großen Belt gestaltete sich jedoch aufgrund der um 5,08 m geringeren Breite gegenüber der hier üblichen Normalbreite von 17,70 m als problematisch. Das Schiff mußte mit einer Puffervorrichtung an beiden Seiten versehen werden, damit es die Eisenbahnfährbecken im Großen Belt anlaufen konnte. Die FREIA wurde mit zwei 8-Zylinder-4-Takt-Dieselmotoren von Burmeister & Wain ausgerüstet und verfügte über Heck- und Bugruder.

Die Fähre war vorwiegend als Autofähre auf dem Großen Belt eingesetzt. Später befuhr sie die Linie Kalundborg–Samsö–Aarhus, ab 1927 die Linie Knudshoved–Halsskov, um ab 1966 wiederum zwischen Kalundborg und Samsö–Aarhus zum Einsatz zu kommen. Kurzzeitig befuhr das Schiff die Route Kopenhagen–Rønne. Von 1975 bis 1977 war sie in Panama als FREIA VI in Dienst, von 1977 bis 1982 für eine italienische Reederei als ISCHIA EXPRESS und ab 1986 ebenfalls für eine italienische Reederei als ANNAMARIA LAURO.

Quelle: Danske Statsbaner

Eisenbahn-, Auto- und Passagierfähre /
Flagge Schweden /
Eigner, Reeder Schwedische Staatsbahnen (SJ) /
Baujahr 1945 /
Bauwerft Kockums A/B, Malmö /
Länge über alles 94,4 m / Breite 16,0 m /
Tiefgang 4,1 m / Vermessung 2558 BRT, 801 NRT /
Tragfähigkeit 840 tdw /
Antriebsleistung 2969 kW /
Geschwindigkeit 15 kn /
Kapazität 2 Gleise mit 147 m Gleis für 20 Güterwagen,
zeitweise auch Transport von Lkw und Pkw, bis 1974
812 Passagiere

Die zweigleisige schwedische Eisenbahnfähre MALMÖ-HUS, die Ersatzanschaffung für die auf der Linie Malmö–Kopenhagen seit dem Beginn des Jahrhunderts in Dienst stehende MALMÖ, lief im Oktober 1943 vom Stapel. Am 1. Oktober 1945 wurde sie in Betrieb genommen. Sie verkürzte die fahrplanmäßige Reisezeit zwischen Malmö und Kopenhagen von 100 auf 85 Minuten.

Die Eisenbahnfähre wurde von zwei achtzylindrigen Dieselmotoren MAN angetrieben. Das Befahren des Eisenbahndecks war nur über das Heck möglich.

Nachdem die MALMÖHUS die letzten zehn Jahre nur noch als Güterfähre eingesetzt war, wurde das Schiff nach 41 Dienstjahren für die SJ am 1. Oktober 1986 an den neuen norwegischen Eigner Vikateatret A/S übergeben. Es sollte in Oslo Theater- und Restaurantschiff werden. Diese Pläne scheiterten jedoch. Die Fähre wurde nach Spanien verkauft und dort abgewrackt.

Mit der Eröffnung der Dan-Link-Verbindung Kopenhagen–Helsingborg am 3. November 1986 wurde der Güterverkehr auf die neue Linie umgelenkt und gleichzeitig die Verbindung Kopenhagen–Malmö eingestellt.

Quelle: Sammlung
Autoren

FYN

Eisenbahn-, Auto- und Passagierfähre /
Flagge Dänemark /
Eigner, Reeder Dänische Staatsbahnen (DSB) /
Baujahre 1947 /
Bauwerft Burmeister og Wains Skibsværft København /
Länge über alles 107,80 m / Breite 17,70 m /
Tiefgang 4,00 m /
Vermessung 2941,45 BRT, 1191,34 NRT /
Antriebsleistung 3933 kW /
Geschwindigkeit 16,5 kn /
Kapazität 3 Gleise mit 260,38 m Länge für 30 Güterwagen, als Autofähre 110 Pkw, 1500 Passagiere

Für den Großen Belt gebaut, kam die Fähre hier auch 29 Jahre lang zum Einsatz. Das Schiff war mit zwei 6-Zylinder-2-Takt-Dieselmotoren, mit Heck- und Bugruder sowie mit Bug- und Heckklappen ausgerüstet. Bei einem Umbau 1976 wurde das Heck verändert und die Heckklappe eingebaut, so daß das Schiff auch als Autofähre zwischen Knudshoved und Halsskov einsetzbar war. 1983 wurde das Schiff aufgelegt und 1985 nach Norwegen verkauft, wo es unter dem Namen To Skor Steiner in Dienst kam.

Dronning Ingrid

Eisenbahn-, Auto- und Passagierfähre /
Flagge Dänemark /
Eigner, Reeder Dänische Staatsbahnen (DSB) /
Baujahr 1951 /
Bauwerft Helsingør Skibsværft A/S, Helsingør /
Länge über alles 110,4 m / Breite 17,7 m /
Tiefgang 4,0 m / Vermessung 3046 BRT, 1315 NRT /
Tragfähigkeit 938 tdw /
Antriebsleistung 3934 kW /
Geschwindigkeit 15 kn /
Kapazität 3 Gleise mit 258 m Länge für 28 Güterwagen oder maximal 110 Pkw, 900 Passagiere

1951 stellten die DSB mit der Dronning Ingrid eine neue Eisenbahnfähre für den Großen Belt in Dienst. Es handelte sich um ein Fährschiff mit einem dreigleisigen Eisenbahndeck, wo neben Wagen auch Lkw und Pkw befördert werden konnten, da die Schienen versenkt angeordnet wurden. Das Deck wurde über eine Bug- oder Heckklappe befahren. Für die 900 Passagiere standen ein Deck sowie Plätze auf dem Sonnendeck zur Verfügung. Bei einem 1983 vorgenommenen größeren Umbau wurde das Wagendeck im Vorschiff geschlossen, um es vor Witterungseinflüssen zu schützen. Die Dronning Ingrid war mit zwei 6-Zylinder-Dieselmotoren von Burmeister & Wain, zwei Schrauben sowie mit Heck- und Bugruder ausgerüstet.

Nachdem die Dronning Ingrid auch auf der Linie Großenbrode–Gedser zum Einsatz kam, modernisierte man 1963 auch die Innenausstattung. Danach fuhr die Dronning Ingrid auf verschiedenen Linien und transportierte 1976/77 auch Güterwagen auf der kurzzeitig eingerichteten Güterverbindung Warnemünde–Rødby. 1979 wurde das Schiff in Sjaelland unbenannt und fuhr fortan hauptsächlich auf der Route Halsskov–Knudshoved. 1981 in Helsingør aufgelegt, kam die Fähre kurzzeitig auf der Linie Kopenhagen–Malmö in Dienst. Seit 1984 liegt die Sjaeland in Kopenhagen. Es ist vorgesehen, die ehemalige Dronning Ingrid als Museumsschiff zu nutzen.

Quelle: Danske Statsbaner

DEUTSCHLAND

Eisenbahn-, Auto- und Passagierfähre /
Flagge BRD /
Eigner, Reeder Deutsche Bundesbahn (DB) /
Baujahr 1953 /
Bauwerft Howaldtswerke Deutsche Werft AG, Kiel /
Länge über alles 114,6 m / Breite 17,7 m /
Tiefgang 4,5 m / Vermessung 3 863 BRT, 1 400 NRT /
Tragfähigkeit 1 200 tdw /
Antriebsleistung 2 × 2 750 PS /
Geschwindigkeit 17,5 kn /
Kapazität 3 Gleise mit 256 m Länge für 24 Güterwagen
oder entsprechende Anzahl Lkw, Pkw, 1 200 Passagiere

Quelle: Sammlung Autoren

Das Fährschiff DEUTSCHLAND war das erste Fährschiff der DB nach dem zweiten Weltkrieg. Es wurde ab 17. Mai 1953 auf der Linie Großenbrode–Gedser eingesetzt und später auf die »Vogelfluglinie« übernommen, wo es bis 1972 im Einsatz war. Mit diesem Schiff beteiligte sich die DB erstmals neben den DSB am Fährverkehr nach Dänemark.

Die DEUTSCHLAND verfügte über ein dreigleisiges Eisenbahndeck, auf dem neben Wagen auch Lkw, Pkw und Trailer befördert wurden. Für die Passagiere stand ein durchgängiges Deck mit verschiedenen Serviceeinrichtungen zur Verfügung. Wie alle Fährschiffe besaß auch die DEUTSCHLAND Bug- und Heckklappe zum Bedienen des Eisenbahndecks, Bug- und Heckruder sowie zwei Kommandobrücken.

Die Hauptantriebsanlage bestand aus zwei einfachwirkenden MAN 8-Zylinder-Zweitakt-Dieselmotoren, die je einen Escher-Wyss-Verstellpropeller antrieben. Ein Voith-Schneider-Bugsteuerpropeller erhöhte die Manövrierfähigkeit. Eingebaute Krängungstanks verhinderten beim Be- und Entladen eine Schlagseite > 4°.

1972 verkaufte die DB die DEUTSCHLAND nach Griechenland. Sie verkehrte nun unter dem Namen RENETTA als Autofähre im Mittelmeer. Inzwischen als NISSOS RODOS in Dienst, verwüstete 1978 ein Feuer das Fährschiff, das später abgewrackt wurde.

THEODOR HEUSS

Eisenbahn-, Auto- und Passagierfähre /
Flagge BRD /
Eigner, Reeder Deutsche Bundesbahn (DB) /
Baujahr 1957 /
Bauwerft Howaldtswerke Deutsche Werft AG, Kiel /
Länge über alles 135,9 m / Breite 17,7 m /
Tiefgang 4,9 m / Vermessung 5 583 BRT, 1 902 NRT /
Tragfähigkeit 1 833 tdw / Antriebsleistung 10 600 kW /
Geschwindigkeit 17 kn /

Kapazität 3 Gleise mit 318 m Länge für max. 30 Güterwagen oder entsprechende Anzahl Pkw, Lkw, 75 Pkw auf gesondertem Autodeck, 1 500 Passagiere, davon keine in Kabinen

Im Herbst 1955 bestellte die DB bei den Kieler Howaldtswerken AG in Kiel eine kombinierte Eisenbahn-, Passagier- und Autofähre für die Linie Großenbrode–Gedser. Die Jungfernreise fand am 14. November 1957

Quelle: Sammlung Foerster

82

statt. 1963 wurde das Schiff mit auf die neu eröffnete »Vogelfluglinie« übernommen.

Als wesentliche Neuerung gegenüber den älteren Fähren wurde über dem Eisenbahndeck ein gesondertes Autodeck angeordnet, um den ständig steigenden Pkw-Transport zu bewältigen. Die Ausstattung der THEODOR HEUSS mit einem zusätzlichen Autodeck erforderte in beiden Endhäfen den Bau besonderer Auffahrrampen. Da in der BRD über Heck und in Dänemark über Bug verladen wurde, konnten die Autos ohne Richtungswechsel auf die Fähre bzw. von der Fähre fahren. Alle anderen Merkmale der bereits in Dienst befindlichen Schiffe, wie Bugruder und zwei Kommandobrücken, wurden übernommen.

Über dem dreigleisigen Eisenbahndeck mit einer lich- ten Höhe von 5 m befindet sich das Autodeck mit einer lichten Höhe von 2,3 m für den Transport von Pkw und Motorrädern. Das Fahrgastdeck, welches oberhalb der Frachtdecks liegt, bietet den Passagieren in verschiedenen Restaurants und Salons eine behagliche Atmosphäre.

Die Hauptantriebsanlage besteht aus zwölf Dieselmotoren mit je 882 kW, Drehstromgeneratoren und vier Gleichstrom-Fahrmotoren. Um die THEODOR HEUSS auch bei stärkerem Eisgang einsetzen zu können, wurden wichtige Teile eisverstärkt und die Ruderblätter mit einem Eisschutz versehen.

Nachdem die THEODOR HEUSS 1986 durch die KARL CARSTENS ersetzt wurde, verkehrt sie auch heute noch als Güterfähre auf der »Vogelfluglinie«.

TRELLEBORG

Eisenbahn-, Auto- und Passagierfähre /
Flagge Schweden /
Eigner, Reeder Schwedische Staatsbahnen (SJ) /
Baujahr 1958 /
Bauwerft Helsingør Skibsværft A/S, Helsingør /
Länge über alles 138,4 m / Breite 18,8 m /
Tiefgang 5,4 m / Vermessung 6476 BRT, 2335 NRT /

Tragfähigkeit 1747 tdw / Antriebsleistung 6550 kW /
Geschwindigkeit 18 kn /
Kapazität 4 Gleise mit 403 m Länge für 40 Güterwagen oder entsprechende Anzahl Lkw/Pkw, 30 Pkw in gesonderter Garage, 1554 Passagiere

Mit der Indienststellung des Fährschiffes TRELLEBORG

am 19. April 1958 war der Anfang für den Einsatz von viergleisigen Schiffen der zweiten Generation gemacht. Eine erheblich größere Kapazität für den Reise- und Frachtverkehr entsprach dem gestiegenen Bedarf.

Bei der Konstruktion dieser neuen Fähre wurden die bewährten Konstruktionsprinzipien, wie achterne Brücke und Bugruder, von den Vorgängern übernommen. Bis 1972 konnte die TRELLEBORG regelmäßig auf der »Königslinie« eingesetzt werden, allerdings führte sie in den letzten Jahren nur noch Güterfahrten aus.

Von 1972 bis 1975 verkehrte sie auf der einzigen Eisenbahnfährverbindung, die Schweden und Finnland verbindet, zwischen Stockholm und Nadendal. Nach Einstellung dieser Route lag sie in Trelleborg auf oder wurde kurzzeitig auf die Verbindung Ystad–Swinoujscie eingesetzt.

1978 verkaufte man sie an die griechische Reederei Maritime Company of Lesbos. Die Reederei setzt das Schiff als HOMERUS auch heute noch als Passagier- und Autofährschiff im Mittelmeer ein.

SASSNITZ

Eisenbahn-, Auto- und Passagierfähre /
Flagge DDR /
Eigner, Reeder Deutsche Reichsbahn (DR) /
Baujahr 1959 /
Bauwerft Neptunwerft, Rostock /
Länge über alles 137,5 m / Breite 18,8 m /
Tiefgang 5,7 m / Vermessung 6 164 BRT, 2 318 NRT /
Tragfähigkeit 1 840 tdw /
Antriebsleistung 7 058 kW /
Geschwindigkeit 18 kn /
Kapazität 4 Gleise mit 381 m Länge für bis zu 40 Güterwagen oder 15 D-Zug-Wagen oder entsprechende Anzahl Lkw/Pkw, 30 Pkw in gesonderter Garage, 1017 Passagiere

Anläßlich des 50jährigen Bestehens der Eisenbahnfährlinie Saßnitz – Trelleborg am 6. Juli 1959 nahm die SASSNITZ den Dienst auf dieser traditionsreichen Fährroute auf. Damit beteiligte sich die DR nach dem zweiten Weltkrieg wieder aktiv am Fährverkehr. Durch den Einsatz der zweiten 4-Gleisfähre auf der Linie konnte die Leistungsfähigkeit deutlich erhöht werden. Die alten schwedischen Fährschiffe kamen jetzt nur noch als Güterfähren zum Einsatz.

Den Passagieren standen ausreichend Plätze im Speiserestaurant, in der Cafeteria sowie im Rauchersalon zur Verfügung. Zur Verbesserung der Fahreigenschaften wurde die Antriebsanlagen 1962 auf Verstellpropeller umgerüstet.

Bis zur Indienststellung der RÜGEN 1972 war die SASSNITZ Personenhauptfähre. Im Zeitraum Oktober/November 1973 charterten die SJ das Schiff; es lief aushilfsweise auf der Strecke Stockholm – Nadendal. Seit Mai 1978, als erstmals die Saisonverbindung Saßnitz–Rønne eingerichtet wurde, befuhr die SASSNITZ jährlich jeweils bis September dieser Verbindung. Auf dieser Linie machte sie auch ihre letzte Fahrt am 23. August 1986, bevor sie am 16. September 1986 an die Afroessa Lines verkauft wurde. Nach einem Umbau in Gdansk verkehrt sie heute als SILVER PALOMA im Mittelmeer.

Quelle: Zentrale Bildstelle der DR

ARVEPRINS KNUD

Auto- und Passagierfähre /
Flagge Dänemark /
Eigner, Reeder Dänische Staatsbahnen (DSB) /
Baujahr 1963 /
Bauwerft Helsingør Skibsværft A/S, Helsingør /
Länge über alles 130 m / Breite 17,7 m /
Tiefgang 4,6 m / Vermessung 4836 BRT, 2355 NRT /
Tragfähigkeit 1990 tdw /
Antriebsleistung 8240 kW /
Geschwindigkeit 17 kn /
Kapazität 375 Pkw auf 2 Decks und einem zusätzlichen Hängedeck, 1500 Passagiere

Quelle: Sammlung Foerster

Seit 1957 wurde der Verkehr auf dem Großen Belt von den DSB einerseits für den Autoverkehr, andererseits für den Schienenverkehr betrieben. Da sich der Straßenverkehr unverhältnismäßig schnell entwickelte, ließen die DSB die reine Auto- und Personenfähre ARVEPRINS KNUD bauen, die 1963 den Verkehr zwischen Halsskov und Knudshoved aufnahm. Bei der Indienststellung war das Schiff das größte seiner Art in Europa.

Die ARVEPRINS KNUD verfügt über zwei Autodecks, wobei das untere Autodeck mit einem zusätzlichen Hängedeck ausgerüstet wurde, um eine maximale Anzahl von Pkw transportieren zu können. Die Decks werden mittels Bug- und Heckschiebetore geschlossen. Wie auch die Eisenbahnfähren, besitzt die ARVEPRINS KNUD zwei Brücken, Bug- und Heckruder sowie ein Bugstrahlruder mit 580 kW. Die Hauptmaschine besteht aus zwei 9-Zylinder-Burmeister-und-Wain-Dieselmotoren, die jeweils auf einen Verstellpropeller arbeiten.

Für die 1 500 Passagiere stehen auf dem Passagierdeck verschiedene Serviceeinrichtungen, so ein Salon mit 322 Plätzen sowie zwei Cafeterias mit 222 bzw 260 Plätzen, zur Verfügung.

WARNEMÜNDE

Eisenbahn-, Auto- und Passagierfähre /
Flagge DDR /
Eigner, Reeder Deutsche Reichsbahn (DR) /
Baujahr 1963 /
Bauwerft Neptunwerft, Rostock /
Länge über alles 136,44 m / Breite 17,7 m /
Tiefgang 4,8 m / Vermessung 6 140 BRT, 2 008 NRT /
Tragfähigkeit 1 564 tdw /
Antriebsleistung 7 066 kW /
Geschwindigkeit 18 kn /
Kapazität 3 Gleise mit 328 m Länge für 31 Güterwagen oder entsprechende Anzahl Lkw bzw. Pkw, 800 bis 1 200 Passagiere, davon 32 in Kabinen

Am 8. Juli 1962 lief die zweite Hochseefähre der DR mit dem Namen WARNEMÜNDE auf der Neptunwerft Rostock vom Stapel. Mit der Indienststellung der Fähre am 23. Mai 1963 war die DR auf der ältesten Fährlinie zwischen Skandinavien und Mitteleuropa wieder mit einem eigenen Schiff am Fährverkehr beteiligt. Dem neuen Fährschiff lag das Konzept zugrunde, die Linie Gedser–Warnemünde als Buganleger und die »Königs-

Foto: Foerster

linie« als Heckanleger bedienen zu können. Diese Variabilität birgt jedoch den großen Nachteil in sich, daß für Straßenfahrzeuge kein Richtungsverkehr möglich ist.

Die WARNEMÜNDE war auf der Linie Saßnitz–Trelleborg nur im Zeitraum von 1963 bis 1973 im Einsatz, da auf dieser Linie genügend Kapazität vorhanden war. Seit 1973 fährt die WARNEMÜNDE zwischen der DDR und Dänemark.

Über dem dreigleisigen Eisenbahndeck, wo Wagen, Lkw und Pkw befördert werden können, befinden sich die Passagiereinrichtungen. Die Hauptantriebsanlage besteht aus vier Dieselmotoren mit je 1766 kW, die paarweise auf einen Verstellpropeller arbeiten. Für das problemlose Ein- und Auslaufen wurde die Eisenbahn-, Auto- und Passagierfähre mit zwei Kommandobrücken, einem Bugruder und einem Bugstrahlruder ausgerüstet.

ASA THOR

Eisenbahnfrachtfähre /
Flagge Dänemark /
Eigner, Reeder Dänische Staatsbahnen (DSB) /
Baujahr 1965 /
Bauwerft Nakskov Skibsværft A/S, Nakskov /
Länge über alles 131,6 m / Breite 17,7 m /
Tiefgang 4,5 m / Vermessung 3544 BRT, 1090 NRT /
Tragfähigkeit 2240 tdw /
Antriebsleistung 6470 kW /
Geschwindigkeit 17 kn /
Kapazität 4 Gleise mit 413 m Länge für ca. 34 Güterwagen, 12 Personen

Ende 1965 kam mit der Güterfähre ASA THOR die erste Fähre mit einem viergleisigen Eisenbahndeck von den DSB im Großen Belt zum Einsatz. Sie verkehrt auch heute noch auf der Linie Korsør–Nyborg. Aushilfsweise bediente die ASA THOR 1975 für einige Wochen die Linie Gedser–Warnemünde und führte Sondertransporte zwischen Malmö und Nyborg durch.

Das Eisenbahndeck der ASA THOR kann nur über Bug befahren werden. Es steht ausschließlich Güterwagen zur Verfügung. Die Gleise enden am Bug so, daß die herkömmlichen Landanlagen benutzt werden können. Das Schiff verfügt über zwei Kommandobrücken, Bug-

Foto: Scrimali

und Heckruder sowie über ein Bugstrahlruder. Angetrieben wird die Güterfähre durch zwei einfachwirkende 7-Zylinder-Dieselmotoren von Burmeister & Wain. Bis heute mußten an der ASA THOR keine konstruktiven Veränderungen vorgenommen werden, was ein Zeichen für die ausgereifte Konstruktion ist.

FINNHANSA/FINNPARTNER

Auto- und Passagierfähre /
Flagge Finnland /
Eigner, Reeder Finnlines, Helsinki /
Baujahr 1966 /
Bauwerft Oy Wärtsilä AB, Helsinki /
Länge über alles 134,4 m / Breite 19,9 m /
Tiefgang 5,7 m / Vermessung 7 460 BRT, 3 475 NRT /
Tragfähigkeit 1 400 tdw / Antriebsleistung 10 295 kW /
Geschwindigkeit 21 kn /
Kapazität 240 Pkw oder 26 Lkw, 1 400 Passagiere,
davon 350 in Kabinen

Finnlines unterhielt bereits seit 1962 mit der HANSA EXPRESS eine ständige Fährverbindung zwischen Travemünde und Helsinki. Die Verkehrsentwicklung war so positiv, daß schon bald größere Schiffe zum Einsatz kamen. Die Reederei ließ bei Oy Wärtsilä AB in Helsinki 1966 die Schwesterschiffe FINNHANSA und FINNPARTNER bauen. Durch den Einsatz dieser modernen Fährschiffe stieg das Passagieraufkommen von 40 000 Personen im Jahre 1963 auf 100 000 im Jahre 1970 an.

Mit beiden Fähren konnten drei Abfahrten pro Woche ab Lübeck und Helsinki angeboten werden, wobei zwischenzeitlich auch die Häfen Kopenhagen, Rønne, Nynäshamn und Slite angelaufen wurden. Die Fahrgäste waren in Kabinen der I. und II. Klasse untergebracht. Die Gesellschaftsräume, u. a. Bierstube, Rauchsalon, Nachtklub, Kino und Bar, erstreckten sich über ein ganzes Deck.

Das Autodeck konnte durch Bug- und Heckklappe, aber auch durch Seitenpforten befahren werden. Ein Bugstrahlruder diente zum besseren Manövrieren, während eine Passiv-Tankanlage zur Dämpfung der Schlingerbewegung des Schiffes bei schlechtem Wetter vorgesehen wurde.

Die FINNHANSA mußte 1970 umgebaut werden, wobei die Bettenanzahl um 300 erhöht wurde. Nach einem Brand auf der FINNPARTNER wurde das Schiff 1970 verkauft. Die späteren Namen waren SVEABORG, PEER GYNT und STENA BALTICA. Seit 1983 fuhr das Fährschiff als IALYSSOS für die Reederei Dodocanese, Griechenland, im Mittelmeer.

Die FINNHANSA wurde 1977 von der polnischen Reederei PZB gechartert und für einige Monate im Finnlanddienst eingesetzt. Seit 1978 fuhr sie als PRINSESSAN für Ålands Linjen, Stockholm. 1987 an Zypern verkauft, läuft das Schiff heute als PRINCESS MARISSA im Mittelmeer.

Quelle: Sammlung Foerster

SKÅNE

Eisenbahn-, Auto- und Passagierfähre /
Flagge Schweden /
Eigner, Reeder Schwedische Staatsbahnen (SJ) /
Baujahr 1966 /
Bauwerft Uddevallavarvet AB, Uddevalla /
Länge über alles 147,6 m / Breite 18,8 m /
Tiefgang 5,5 m / Vermessung 6534 BRT, 2669 NRT /
Tragfähigkeit 2093 tdw /
Antriebsleistung 8214 kW /
Geschwindigkeit 19 kn /
Kapazität 4 Gleise mit 465 m Länge für 40 Güterwagen
oder entsprechende Anzahl D-Zug-Wagen oder Lkw/
Pkw, 12 Lkw und 10 Pkw oder 100 Pkw auf gesondertem
Autodeck, 1192 Passagiere, davon 69 in Kabinen

Als die SKÅNE ab Januar 1967 auf der »Königslinie« verkehrte, kam erstmals ein Schiff der dritten Generation
auf dieser Linie zum Einsatz. Der entscheidende Unterschied zu den bisher auf dieser Route in Fahrt befindlichen Schiffen bestand darin, daß über dem viergleisigen
Eisenbahndeck ein gesondertes Autodeck angeordnet
war. Dadurch schuf man die Voraussetzungen, den erhöhten Lkw-Verkehr auf dieser Linie zu bewältigen.

Zum Zeitpunkt ihrer Indienststellung war die SKÅNE
die größte kombinierte Eisenbahn-, Kraftfahrzeug- und
Passagierfähre der Welt. Den über tausend Passagieren
standen verschiedene Serviceeinrichtungen zur Verfügung; u. a. ein Speisesaal mit 150 Plätzen, eine Cafeteria
mit 200 Plätzen und eine Bar für 70 Personen.

Angetrieben wurde die Fähre durch vier Hauptmoto-
ren von A/B Lindholmens Varv, Göteborg. Zur besseren Manövrierfähigkeit hatte man ein Bugruder und
zwei Querstrahlruder eingebaut. Um bei Seegang die
Schiffsbewegungen zu dämpfen, verfügte die SKÅNE
über Stabilisatoren.

Bis zur Indienststellung der TRELLEBORG (II) war die
SKÅNE als Personenhauptfähre der SJ in Dienst. Danach
diente sie als Reserve- und Zusatzfähre für die TS-Linie
und die Linie Ystad–Swinoujscie. 1987/88 fuhr die
SKÅNE auf der Saisonverbindung Saßnitz–Rønne. Im
Mai 1989 wurde sie nach Italien verkauft und als MOBY
BIG zwischen Italien und Sardinien eingesetzt.

Foto: Foerster

FINLANDIA

Auto- und Passagierfähre /
Flagge Finnland /
Eigner, Reeder EFFOA, Helsinki /
Baujahr 1967 /
Bauwerft Oy Wärtsilä AB, Helsinki /
Länge über alles 153 m / Breite 20 m /
Tiefgang 5,6 m / Vermessung 8 100 BRT, 4 388 NRT /
Tragfähigkeit 1 800 tdw / Antriebsleistung 12 058 kW /
Geschwindigkeit 22 kn /
Kapazität 320 Pkw oder 36 Lkw bzw. Trailer, 1 200 Passagiere, davon 670 in Kabinen

Am 8. April 1965 unterzeichnete die finnische Reederei FAA (Finska Angfartygs AB) mit der Werft Oy Wärtsilä AB einen Vertrag über den Bau eines Passagier- und Autofährschiffes mit großer Containerkapazität. Der Stapellauf fand am 25. August 1966 statt. Im Mai 1967 nahm die FINLANDIA den Liniendienst auf der Ostsee auf. Dabei wurden die Häfen Helsinki, Kopenhagen und Travemünde angelaufen.

Zum Zeitpunkt der Indienststellung war die FINLANDIA die größte und schnellste Fähre auf der Ostsee. Von den maximal 1 200 Passagieren konnten 670 in Ka-
binen der I. und II. Klasse untergebracht werden. Den Reisenden standen Restaurants, Tanzsalons, Bars, ein Kino für 62 Personen, eine Saunaabteilung sowie Friseur und Schwimmbad auf der langen Überfahrt zur Verfügung. Zwei Personenaufzüge und die Haupttreppenhäuser verbanden neun Decks. Das Autodeck, mit einem hydraulischen Zwischendeck ausgerüstet, bot 320 Pkw oder entsprechenden Lkw bzw. Containern Platz. Die Beladung des Autodecks konnte wahlweise durch Bug- oder Heckklappe vorgenommen werden.

Die Maschinenanlage besteht aus 4 Wärtsilä-Sulzer Dieselmotoren vom Typ 9ZD 40/43, welche paarweise über Reduktionsgetriebe zwei Verstellpropeller antreiben. Außerdem verfügt die FINLANDIA über Krängungstanks und zwei Bugstrahlruder.

1975 wurde die FINLANDIA an Finnlines verkauft und 1978/79 zum Kreuzfahrtschiff FINNSTAR mit 10 000 BRT und für 600 Passagiere vorgesehen, umgebaut. Sie kam nun auch außerhalb der Ostsee zum Einsatz.

Seit Juli 1980 fuhr das Kreuzfahrtschiff als PEARL OF SCANDINAVIA unter Bahamaflagge im Fernen Osten. Nach dem 1988 erfolgten Umbau (12 436 BRT) ist sie als OCEAN PEARL für die Ocean Cruise Line in Fahrt.

Quelle: Sammlung Foerster

NAJADEN

Eisenbahn-, Auto- und Passagierfähre /
Flagge Dänemark /
Eigner, Reeder Dänische Staatsbahnen (DSB) /
Baujahr 1967 /

Bauwerft Aarhus Flyd. og Mask., Aarhus /
Länge über alles 87,94 m / Breite 13,38 m /
Tiefgang 4,0 m / Vermessung 1 553,25 BRT, 504 NRT /
Tragfähigkeit 590 tdw /

Quelle: Sammlung Autoren

Antriebsleistung 2 500 kW /
Geschwindigkeit 11 kn /
Kapazität 1 Gleis mit 80,40 m Länge für 8 Güterwagen
oder 70 Pkw, 640 Passagiere

Die auf dem Öresund eingesetzte NAJADEN ist mit zwei Dieselelektroantrieben mit einer Leistung von je 1 250 kW ausgerüstet. Das Schiff weist gegenüber den früheren Fähren einige Neuerungen auf. So wurde wieder zu zwei nebeneinander stehenden Schornsteinen übergegangen. Über dem Wagendeck befindet sich ein über die ganze Schiffsbreite gehendes Promenadendeck. Auf diesem Deck sind alle für die Passagiere bestimmten Einrichtungen, wie Salons, Kioske und Cafés, konzentriert. Später richtete man zusätzliche Aufenthaltssalons zur Einnahme auch warmer Mahlzeiten ein. Das erwies sich jedoch als problematisch, da dafür die Fahrtzeit zu kurz ist.

Auf dem Hauptdeck ist Platz für Autos, die in zwei Reihen beiderseits der Eisenbahnspuren abgestellt werden. Ohne Eisenbahnwagen erhöht sich die Kapazität für Pkw auf maximal 70 Stück.

BETULA

Auto- und Passagierfähre /
Flagge Schweden /
Eigner, Reeder Scandinavian Ferry Lines (SFL) /
Baujahr 1968 /
Bauwerft Jos. L. Meyer, Papenburg /
Länge über alles 71,4 m / Breite 16,3 m /
Tiefgang 4 m / Vermessung 2 452 BRT, 1 219 NRT /
Tragfähigkeit 880 tdw /
Antriebsleistung 2 825 kW /
Geschwindigkeit 14,5 kn /
Kapazität 105 Pkw oder 12 Lkw, 800 Passagiere

Die BETULA wurde für die Linie Helsingør–Helsingborg gebaut und fährt seit Indienststellung auf dieser Verbindung. Die Überfahrt dauert 25 Minuten. 1985 wurde die BETULA zusammen mit ihren Schwesterschiffen modernisiert und umgebaut, wodurch sich die Kapazität auf die im Kopf angegebenen Werte erhöhte. Den Umbau führte die Helsingører Reparaturwerft aus. Den Passagieren stehen im Passagierbereich gastronomische Einrichtungen mit über 500 Plätzen zur Verfügung.

Das Autodeck, welches über Bug- oder Heckklappe befahren werden kann, faßte vor dem Umbau 75 Pkw. Durch zusätzliche Hängedecks können jetzt 30 Pkw mehr transportiert werden. Als Antriebsanlage wurden vier Dieselmotoren Deutz vom Typ SBA 8 M 528 eingebaut. Die BETULA entspricht der Eisklasse A 1, so daß sie auch im Winter uneingeschränkt verkehren kann.

91

Quelle: Sammlung Foerster

DANMARK

Eisenbahn-, Auto- und Passagierfähre /
Flagge Dänemark /
Eigner, Reeder Dänische Staatsbahnen (DSB) /
Baujahr 1968 /
Bauwerft Helsingør Skibsværft A/S, Helsingør /
Länge über alles 144,5 m / Breite 17,7 m /
Tiefgang 5,5 m / Vermessung 6 352 BRT, 2 692 NRT /
Tragfähigkeit 1 850 tdw /
Antriebsleistung 7 352 kW /
Geschwindigkeit 17 kn /
Kapazität 3 Gleise mit 340 m Länge für 12 D-Zug-Wagen oder entsprechende Lkw oder Trailer, 125 Pkw auf gesondertem Deck, 1 500 Passagiere

Nachdem die neue Verkehrsverbindung »Vogelfluglinie« einen erheblichen Transportzuwachs zeigte, gaben

die DSB 1966 bei der Helsingør Skibsværft A/S ein neues Fährschiff in Auftrag. Am 7. Juni 1968 konnte die DANMARK, das neue Flaggschiff der DSB, in Dienst gestellt werden.

Die DANMARK besitzt ein dreigleisiges Eisenbahndeck, auf dem maximal zwölf Reisezugwagen untergebracht werden können. Eine Neuerung für die damalige Zeit bestand darin, daß die Beladung des Decks nicht mehr symmetrisch vorgenommen werden mußte, wie es aus Gründen der Schiffssicherheit bei den älteren Fähren noch notwendig war. Somit kann auch bei unterschiedlicher Beladung mit Eisenbahnwagen und Kraftfahrzeugen besser gestaut werden. Das Eisenbahndeck wird durch Bug- und Heckklappe bedient, während das Autodeck vorn und achtern offen ist.

Den Passagieren stehen Salon- und Bootsdeck zur

Foto: Nerlich

Verfügung, wo große Restaurants mit maximal 270 Plätzen, Kioske und eine Ladenstraße untergebracht sind.

Die Hauptantriebsanlage besteht aus zwei Dieselmotoren vom Typ B & W DM 10 U 45 HU mit je 3677 kW, welche über ein Untersetzungsgetriebe je einen vierflügeligen Verstellpropeller vom Typ KAMEWA antreiben. Zur weiteren Ausstattung gehören Bugstrahlruder mit 735 kW, Bugruder sowie zwei Kommandobrücken.

DROTTNINGEN

Eisenbahn-, Auto- und Passagierfähre /
Flagge Schweden /
Eigner, Reeder Schwedische Staatsbahnen (SJ) /
Baujahr 1968 /
Bauwerft Uddevallavarvet, Uddevalla /
Länge über alles 115,7 m / Breite 18,0 m /
Tiefgang 4,8 m / Vermessung 5 625 BRT, 2 573 NRT /
Tragfähigkeit 955 tdw /
Antriebsleistung 8 214 kW /
Geschwindigkeit 20 kn /
Kapazität 3 Gleise mit 255 m Länge für 23 Wagen oder 118 Pkw, 1 400 Passagiere, davon 347 in Kabinen

Mit der DROTTNINGEN kam eine Fähre auf der »Königslinie« zum Einsatz, die nicht speziell für die Anforderungen dieser Verbindung gebaut wurde. Die SJ hatten vor, das neue Schiff als Tagfähre auf der Linie Saßnitz–Trelleborg einzusetzen und gleichzeitig Nachtfahrten zwischen Trelleborg und Travemünde zu veranstalten, wobei der Einsatz hier nur als Passagier- und Autofähre vorgesehen war. Diesem Verwendungszweck entsprechend wurde die DROTTNINGEN mit einer Bug- und Heckklappe versehen und konnte eine vergleichsweise große

Foto: Scrimali/Weihrauch

Zahl von Passagieren in Kabinen unterbringen. Als Besonderheit kann hervorgehoben werden, daß das neue Schiff mit versenkten Schienen im Eisenbahndeck sowie mit Hängedecks (2,6 m Höhe) für den Pkw-Transport ausgerüstet war.

Auch die Passagiereinrichtungen hatte man großzügig ausgelegt, da die Überfahrt Travemünde–Trelleborg sieben Stunden beträgt. Über die konstruktiven Merkmale aller anderen TS-Schiffe – achterne Brücke, Bugruder, Bugstrahlruder und Flossenstabilisatoren – verfügte die DROTTNINGEN ebenfalls.

Entsprechend dem Konzept fuhr das Schiff nicht regelmäßig auf der »Königslinie«. Bis zum Verkauf durch die SJ 1977 wurde sie mehrfach auf anderen Linien eingesetzt. So befuhr sie auch die Verbindung Swinoujscie – Ystad als Eisenbahnfähre und kam als Autofähre für Stena Line und Birka Line zum Einsatz.

1977 wurde sie nach Ägypten verkauft. Sie fuhr bis 1984 als ALZAHRAA im Mittelmeer. Danach kaufte Strintzis Line das Schiff und setzte es als IONIAN VICTORY ein, bis es 1986/87 erneut veräußert wurde.

Heute verkehrt die Auto- und Passagierfähre als PALOMA für die Afroessa Line zwischen Griechenland und der Insel Zypern.

SCANDINAVIA LINK

Eisenbahnfracht- und Trailerfähre /
Flagge Schweden /
Eigner, Rederi AB Nordö /
Reeder Nordö Link /
Baujahr 1969 /
Bauwerft Wärtsilä AB, Helsinki /
Länge über alles 178,7 m / Breite 24,6 m /
Tiefgang 5,5 m / Vermessung 20914 GT, 6274 NT /
Tragfähigkeit 7000 tdw /
Antriebsleistung 8209 kW /
Geschwindigkeit 18 kn /
Kapazität 5 Gleise mit 750 m Länge für 50 Güterwagen, Lkw-/Trailerdeck mit ca. 1000 Lademetern, 148 Passagiere in Kabinen (Lkw-Fahrer)

Die SCANDINAVIA LINK wurde für Finnlines gebaut und fuhr jahrelang im Liniendienst zwischen Helsinki, Lübeck und Kopenhagen. Später wechselte das Schiff den Eigentümer. Als POSEIDON kam sie für EFFOA im Gemeinschaftsdienst Finncarrier-Poseidon auf der Ostsee mit den Anlaufhäfen Helsinki, Aarhus, Kopenhagen und Lübeck zum Einsatz.

Bei seiner Indienststellung war das Frachtfährschiff das modernste und größte seiner Art. Die Be- und Ent-

Foto: Foerster

ladung wurde durch zwei Heckpforten und zwei Seitenpforten vorgenommen, was eine Umschlagleistung bis zu 1000 t pro Stunde ermöglichte. Dem Fahrtgebiet entsprechend erhielt der Neubau die finnische Eisklasse Super IA. Die Rumpfkonstruktion war praktisch die eines Eisbrechers und wurde für große Beanspruchungen verstärkt. Außerdem installierte man ein Preßluftsystem zur Verminderung der Eisreibung. Die Luft wurde am Rumpf durch Düsen unter Wasser ausgestoßen, wodurch ein starker Wasserstrom zwischen Rumpf und Eis entstand. Eine Krängungsanlage verhinderte bei schwieriger Eislage ein Einfrieren des Schiffes. Die Hauptantriebsanlage bestand aus zwei Dieselmotoren Wärtsilä-Pielstick vom Typ 12 PC 2V mit je 4104 kW.

1984 kaufte die AB Nordö das Schiff und setzte es als SCANDINAVIA auf der Linie Malmö–Travemünde ein. 1986/87 wurde das Schiff bei Wärtsilä in Turku zur Eisenbahnfähre umgebaut und kam als SCANDINAVIA LINK im April 1987 in Fahrt. Bei diesem Umbau konnte das Schiff um 40 m verlängert werden, das Eisenbahndeck wurde erhöht sowie insgesamt 750 m Gleis eingebracht. Seit August 1987 befährt die Fähre regelmäßig die Linie Malmö–Travemünde und transportiert Eisenbahnwagen und Lkw. Die verhältnismäßg große Anzahl von Kabinenplätzen für Lkw-Fahrer erklärt sich aus der großen Aufnahmekapazität als reine Lkw/Trailerfähre für den Fall, daß keine Eisenbahnwagen befördert werden.

APOLLO

Auto- und Passagierfähre /
Flagge Schweden /
Eigner, Rederi AB Slite /
Reeder Viking Line /
Baujahr 1970 /
Bauwerft Jos. L. Meyer, Papenburg /
Länge über alles 108,7 m / Breite 17,2 m /
Tiefgang 4,6 m / Vermessung 4239 BRT, 1886 NRT /
Tragfähigkeit 1100 tdw /
Antriebsleistung 9706 kW /

Geschwindigkeit 18 kn /
Kapazität 260 Pkw oder 23 Lkw zu je 18 Lademetern, 1200 Passagiere, davon 222 in Kabinen

Als die APOLLO in Dienst gestellt wurde, war es das größte Schiff der Viking-Flotte. Es bediente bis 1976 die Verbindung Naantali–Mariehamn–Kapellskär. Im Passagierbereich waren die Kabinen, Restaurants, Bars, ein Fernsehraum, Schlafsessel sowie eine Cafeteria untergebracht. Stabilisatoren erhöhten den Kom-

Quelle: Sammlung
Autoren

fort. Das Autodeck konnte über Bug- und Heckklappe erreicht werden.

Vier Dieselmotoren vom Typ Kloeckner-Humboldt-Deutz trieben paarweise einen Verstellpropeller an. Nachdem die APOLLO durch Neubauten ersetzt wurde, fuhr sie bis 1981 als OLAU KENT für Olau Line A/S Hellerup. 1981 wurde sie an Nordisk-Færgefahrt, Dänemark, verkauft und kam unter dem Namen GELTING NORD zum Einsatz. Später, umbenannt in BENODET, vercharterte man sie an Brittany Ferries.

DIANA

Auto- und Passagierfähre /
Flagge Schweden /
Eigner, Rederi AB Slite /
Reeder Viking Line /
Baujahr 1971 /
Bauwerft Jos. L. Meyer, Papenburg /
Länge über alles 108,7 m / Breite 17,2 m /
Tiefgang 4,6 m / Vermessung 4 151 BRT, 1 880 NRT /
Tragfähigkeit 1 118 tdw / Antriebsleistung 5 885 kW /
Geschwindigkeit 17 kn /
Kapazität 225 Pkw oder 26 Lkw, 1 200 Passagiere, davon 236 in Kabinen

Die DIANA verkehrte zwischen Finnland und Schweden auf der Linie Naantali–Mariehamn (Åland-Inseln) –Kapellskär und auf der Linie Turku–Stockholm. Von den Passagieren konnten 236 in Kabinen untergebracht werden, den anderen standen Schlafsessel zur Verfügung. Während der Reisezeit konnten sich die Passagiere im Restaurant, in der Cafeteria, in der Bar, im Fernsehraum oder in einer Tonband-Diskothek aufhalten.

Der Passagierbereich war vollklimatisiert. Zwei Deutz-Dieselmotoren trieben je einen Verstellpropeller an. Zur ruhigen Fahrt bei Seegang war die DIANA mit Stabilisatoren ausgerüstet.

Nachdem die DIANA durch die DIANA II im Juni 1979 ersetzt werden konnte, kam sie zum Verkauf. Das Schiff fährt heute als POLAR PRINCESS für Oy Vaasa Umea AB zwischen Schweden und Finnland.

Quelle: Sammlung Foerster

REGULA

Auto- und Passagierfähre /
Flagge Schweden /
Eigner, Reeder Scandinavian Ferry Lines (SFL) /
Baujahr 1971 /
Bauwerft Jos. L. Meyer, Papenburg /
Länge über alles 71,2 m / Breite 16,3 m /
Tiefgang 4 m / Vermessung 2 474 BRT, 1 234 NRT /
Tragfähigkeit 866 tdw /
Antriebsleistung 2 825 kW /
Geschwindigkeit 14,5 kn /
Kapazität 105 Pkw oder 12 Lkw, 800 Passagiere

Die REGULA verkehrt zwischen Schweden und Dänemark über die schmalste Stelle des Öresunds (5 km) zwischen den Fährhäfen Helsingborg und Helsingør.

Die REGULA ist ein Schwesterschiff der BETULA mit etwas modifizierten Aufbauten. Auch sie wurde 1985 modernisiert und umgebaut, so daß sie heute den gehobenen Reiseansprüchen genügt. In allen technischen Parametern entspricht sie den ebenfalls auf der Linie eingesetzten Schiffen URSULA und BETULA. Trotz des gehobenen Standards werden diese Schiffe Anfang der 90er Jahre durch größere und rentablere Neubauten ersetzt werden.

Foto: Foerster

STUBBENKAMMER

Eisenbahnfracht- und Lkw/Trailerfähre /
Flagge DDR /
Eigner, Reeder Deutsche Reichsbahn (DR) /
Baujahr 1971 /
Bauwerft Trosvik Mek. Verksteder, Brevik /
Länge über alles 124,7 m / Breite 16,7 m /
Tiefgang 4,9 m / Vermessung 1999 BRT, 810 NRT /
Tragfähigkeit 1460 tdw /
Antriebsleistung 3754 kW /
Geschwindigkeit 16 kn /
Kapazität 4 Gleise mit 372 m Länge für 30 Güterwagen oder entsprechende Anzahl Lkw auf gesondertem Autodeck, 13 Passagiere (Lkw-Fahrer)

Um kurzfristig die gestiegene Nachfrage nach Transportkapazität abzudecken, entschloß sich die DR zum Kauf eines schon in Bau befindlichen Ro/Ro-Schiffes, um es als Eisenbahngüterfährschiff auf der Linie Saßnitz–Trelleborg einzusetzen. Das Schiff wurde noch vor dem Stapellauf um 18 m verlängert und mit vier Gleisen ausgerüstet.

Am 26. September 1971 konnte die STUBBENKAMMER in Dienst gestellt werden. Durch das Fehlen einer achtern Brücke und Bugruder mußte es als einziges Fährschiff auf dieser Linie über den Bug in den Hafen einlaufen und direkt vor den Fährbetten drehen, um mit dem Heck anzulegen. Dieser Fakt und das Fehlen von Schlingerhochtanks führte zu Problemen bei hohen Windstärken. So setzte man die STUBBENKAMMER nach Indienststellung der ROSTOCK ab 1977 nicht mehr regelmäßig als Fährschiff ein.

Von 1978 bis 1983 wurde das Schiff an die DSR verchartert und fuhr im weltweiten Ro/Ro-Verkehr.

Am 5. Dezember 1983 verkaufte die DR die STUBBEN-

KAMMER nach Norwegen, wo man das Schiff mit Passagiereinrichtungen sowie mit einer Bugklappe versah. Seit 1988 läuft sie als BOHUS II für die Scandi-Line A/S zwischen dem schwedischen Strömstad und dem norwegischen Sandefjord als kombinierte Passagier- und Autofähre.

SVEA SCARLETT

Auto- und Passagierfähre /
Flagge Schweden / Eigner Rederi AB Svea /
Reeder Scandinavik Linietrat ik A/S / Baujahr 1971 /
Bauwerft Jos. L. Meyer, Papenburg /
Länge über alles 85,95 m / Breite 16,3 m /
Tiefgang 4 m / Vermessung 2957 BRT, 1535 NRT /
Tragfähigkeit 980 tdw /
Antriebsleistung 4088 kw / Geschwindigkeit 17 kn /
Kapazität 95 Pkw oder entsprechende Anzahl Lkw,
800 Passagiere

Die Fähre SVEA SCARLETT verkehrte auf der Linie Landskrona-Kopenhagen. Für die Überfahrt benötigte sie in der Regel eine Stunde und 15 Minuten.

Das Schiff verfügt über ein Autodeck, welches über Bug oder Heck beladen werden kann. Für die Passagiere ist ein durchgängiges Deck mit Restaurant, Bar und anderen Einrichtungen vorhanden. Die Hauptantriebsanlage besteht aus vier Dieselmotoren Ruston vom Typ 6 ARM mit je 1022 kW. Um auch im Winter regelmäßig eingesetzt werden zu können, baute man die SVEA SCARLETT entsprechend der Eisklasse A 1. Für ein ruhiges Fahren auch bei stärkerem Seegang sorgen Stabilisatoren.

1982 wurde das Schiff nach Finnland verkauft und verkehrt heute als ECKERÖ zwischen Schweden und Finnland.

Quelle: Sammlung
Autoren

TRAVEMÜNDE

Auto- und Passagierfähre /
Flagge Dänemark /
Eigner, Reeder Moltzan Line A/S, später Gedser–
Travemünde Linie /
Baujahr 1971 /
Bauwerft F. Schichau Unterweser AG, Bremerhaven /
Länge über alles 118 m / Breite 18,9 m /
Tiefgang 5 m / Vermessung 3 900 BRT, 1979 NRT /
Tragfähigkeit 1 600 tdw / Antriebsleistung 985 kw /
Geschwindigkeit 21 kn /
Kapazität 370 Pkw oder 26 Lkw auf 18 Lademeter,
1 500 Passagiere, 248 in Kabinen,

Mit der unter der Baunummer 478 bei der F. Schichau
Unterweser AG gebauten TRAVEMÜNDE kam das zweite
Schiff mit diesem Namen auf der 1964 eröffneten Linie
Gedser – Travemünde zum Einsatz. Mit der neuen TRA-
VEMÜNDE konnte die Tageskapazität auf dieser Linie auf

18 500 Passagiere und 3360 Pkw erhöht werden. Die
Überfahrt dauert etwa drei Stunden. Für diesen Zeit-
raum stehen den Passagieren in dem vollklimatisierten
Passagierbereich Restaurants, Bars, Cafeteria sowie
Fernsehräume zur Verfügung.

Für das reibungslose Be- und Entladen des Autodecks
wurde die TRAVEMÜNDE mit einer Bug- und Heckklappe
versehen. Zwei MAN-Dieselmotoren treiben das Doppelschraubenschiff an. Die Besatzung besteht aus 80
Personen.

Nach Indienststellung einer neuen Fähre verkaufte
die Reederei die TRAVEMÜNDE an Jugoslawien. Sie kam
als NEJEGOS zwischen Italien und Jugoslawien zum Einsatz. Ab Mai 1985 wurde das Schiff für drei Jahre an
Brittany Ferries verchartert und zwischen Plymouth und
Roscoff unter dem Namen TREGASTEL eingesetzt. Inzwischen kaufte Brittany Ferries die TREGASTEL und brachte
sie unter französischer Flagge in Fahrt.

DEUTSCHLAND

Eisenbahn-, Auto- und Passagierfähre /
Flagge BRD /
Eigner, Reeder Deutsche Bundesbahn (DB) /
Baujahr 1972 /
Bauwerft Werft Nobiskrug GmbH, Rendsburg /
Länge über alles 144,1 m / Breite 17,7 m /
Tiefgang 5,9 m / Vermessung 6 119 BRT, 2 020 NRT /

Tragfähigkeit 1 560 tdw /
Antriebsleistung 13 240 kW /
Geschwindigkeit 20 kn /
Kapazität 3 Gleise mit 345 m Länge für max. 28 Güterwagen oder entsprechende Anzahl Lkw sowie zusätzliches Hängedeck für 94 Pkw, Autodeck für 118 Pkw, 1 500 Passagiere, keine in Kabinen

Im Mai 1970 beauftragte die DB die Werft Nobiskrug GmbH in Rendsburg mit dem Bau einer kombinierten Eisenbahn-, Passagier- und Autofähre für den Einsatz auf der »Vogelfluglinie«. Nach einer Erprobungszeit und der Jungfernfahrt am 23. Juni 1972 verkehrt die DEUTSCHLAND regelmäßig auf dieser Linie.

Das Fährschiff verfügt jeweils über ein Eisenbahndeck, ein Autodeck sowie ein Fahrgastdeck. Auf dem Eisenbahndeck, welches mit zusätzlichen Hängedecks ausgerüstet wurde, um in den Spitzenzeiten weitere Pkw befördern zu können, werden Eisenbahnwagen, Lkw und Busse transportiert; auf dem eigentlichen Autodeck nur Pkw, Wohnwagen und Motorräder. Beladen wird das Fährschiff über Bug-, Heck- und Seitenpforten.

Auf dem Passagierdeck bieten Restaurants, Selbstbedienungsgaststätten, verschiedene Shops und Boutiquen ideale Voraussetzungen für eine angenehme Überfahrt. Bis zu 70 Servicemitarbeiter kümmern sich um die maximal 1 500 Passagiere.

Die DEUTSCHLAND verfügt über eine Ruderanlage mit zwei Heck- und einem Bugruder sowie über zwei Kommandobrücken, so daß sie über Bug oder Heck gesteuert werden kann. Zusätzlich wurden im Vorschiff zwei Querstrahl-Steuerpropeller mit je 736 kW eingebaut, um eine optimale Manövrierfähigkeit zu garantieren.

Der diesel-elektrische Antrieb besteht aus acht Dieselmotoren mit je 1 838 kW mit Drehstromgeneratoren und vier Gleichstrom-Fahrmotoren, wobei immer zwei Motoren einen Festpropeller antreiben.

Bis 1987 überquerte die DEUTSCHLAND über 75 000 mal die Ostsee und legte dabei 1,4 Millionen Kilometer zurück.

RÜGEN

Eisenbahn-, Auto- und Passagierfähre /
Flagge DDR /
Eigner, Reeder Deutsche Reichsbahn (DR) /
Baujahr 1972 /
Bauwerft Neptunwerft, Rostock /
Länge über alles 152,7 m / Breite 18,8 m /
Tiefgang 5,5 m / Vermessung 6 465 BRT, 2 132 NRT /
Tragfähigkeit 2 627 tdw /
Antriebsleistung 14 720 kW /
Geschwindigkeit 20 kn /

Kapazität 4 Gleise mit 481 m Länge für 40 Güterwagen oder 19 D-Zug-Wagen bzw. entsprechende Anzahl Lkw oder Pkw, 130 Pkw oder entsprechende Anzahl Lkw auf gesondertem Autodeck, 1 468 Passagiere, davon 58 in Kabinen

Aufgrund des ständig wachsenden Transportbedarfs auf der Fährlinie Saßnitz – Trelleborg gab die DR bei der Neptunwerft in Rostock den Bau einer Großfähre in Auftrag. Nach kurzer Bauzeit lief die RÜGEN am 19. Juni

Quelle: Zentrale
Bildstelle der DR

1971 vom Stapel und nahm am 16. September 1972 den Fährdienst auf der »Königslinie« auf. Mit der Inbetriebnahme des kombinierten Eisenbahn-, Kraftfahrzeug- und Personenfährschiffes waren die Kapazitäten für den Trajektverkehr bedeutend erweitert worden, so daß die seit 1931 in Betrieb befindliche STARKE den Dienst auf der Fährlinie beenden konnte.

Durch den Einsatz der RÜGEN, die ähnliche Parameter wie die SKÅNE hatte, standen bei jeder Abfahrt der Personenfähren die gleichen Transportkapazitäten zur Verfügung. Das Be- und Entladen der Kraftfahrzeuge wurde über landseitige Klappbrücken – in Trelleborg zur Seitenpforte mittschiffs und in Saßnitz zum Hinter-

schiff – vorgenommen. Die Serviceeinrichtungen für Passagiere umfassen einen Speisesaal mit 166 Plätzen sowie eine Cafeteria mit 164 Plätzen.

Die Hauptantriebsanlage besteht aus vier einfachwirkenden 9-Zylinder-Viertakt-MAN-Dieselmotoren. Zwei Heck- und ein Bugruder sowie zwei Bugstrahlruder und Krängungsanlagen garantieren ausgezeichnete Manövriereigenschaften und Stabilität bei den Beladevorgängen.

Die RÜGEN wurde im März 1989 durch die neue SASSNITZ ersetzt und dient nur noch als Reservefähre für die TS-Line. Erstmals befuhr sie 1989 die Saisonverbindung der DR Saßnitz – Rønne.

STENA OLYMPICA/STENA SCANDINAVICA

Auto- und Passagierfähre /
Flagge Schweden /
Eigner, Reeder Stena Line /
Baujahr 1972/73 /
Bauwerft Titovo Brogogradiliste, Kraljevica /
Länge über alles 125 m / Breite 20 m /

Tiefgang 5 m / Vermessung 6666 BRT, 3839 NRT /
Tragfähigkeit 1 300 tdw /
Antriebsleistung 13 235 kW /
Geschwindigkeit 22 kn /
Kapazität 250 Pkw oder 26 Lkw bzw. Trailer, 1 500 Passagiere, davon 1 017 in Kabinen

Quelle: Sammlung Foerster

1972 vergab die schwedische Stena Line, welche seit Mitte der 60er Jahre eine regelmäßige Verbindung zwischen Kiel und Göteborg unterhält, zwei Neubauaufträge an Jugoslawien. Der erste Neubau, die STENA OLYMPICA, wurde 1972 geliefert, die STENA SCANDINAVICA folgte 1973. Beide Schiffe erhöhten den Reisekomfort auf dieser Linie erheblich. Der gesamte Passagierbereich war vollklimatisiert und Restaurants, Bars, Supermarkt und viele andere Einrichtungen sorgten für vielfältige Abwechslung auf der Überfahrt. Zum Be- und Entladen verfügen beide Schiffe über Bug- und Heckklappe. Der Hauptantrieb besteht aus zwei Dieselmotoren des Typs Lindholmen/Pielstick, die je einen Verstellpropeller antreiben.

Die STENA SCANDINAVICA kam durch Verkauf im April 1978 nach Irland, wo sie als SAINT KILLIAN II heute noch fährt. 1982 wurde das Schiff um 31,8 m in den Niederlanden verlängert, so daß die heutige Länge 156,7 m beträgt und sie mit 10256 BRT vermessen ist. Die STENA OLYMPICA, bereits 1981 nach Kanada verkauft, fuhr noch bis zum 6. April 1982 auf der Linie Kiel – Göteborg. Als SCOTIA PRINCE verkehrt sie heute zwischen Kanada und den USA. 1986/87 wurde auch dieses Schiff um 18 m verlängert.

GÖTALAND

Eisenbahnfracht- und Lkw/Trailerfähre /
Flagge Schweden /
Eigner, Reeder Schwedische Staatsbahnen (SJ) /
Baujahr 1973 /
Bauwerft Nakskov Skibsværft AS, Nakskov /
Länge über alles 149,3 m / Breite 21,6 m /
Tiefgang 5,5 m / Vermessung 5160 BRT, 1598 NRT /
Tragfähigkeit 3040 tdw /
Antriebsleistung 10300 kW / Geschwindigkeit 18,5 kn /
Kapazität 5 Gleise mit 575 m Länge für 45 Güterwagen oder entsprechende Anzahl Lkw, 18 Lkw auf gesondertem Autodeck, 36 Passagiere (Lkw-Fahrer), alle in Kabinen

Das erreichte Verkehrsaufkommen Ende der 60er Jahre zeigte, daß mit den bisher eingesetzten Fährschiffen der künftige Zuwachs nicht zu bewältigen war. Dies veranlaßte die SJ zur Projektierung einer Fähre mit fünf Gleisen auf dem Eisenbahndeck, was die vierte Fährschiffgeneration der TS-Line einleitete.

Am 5. Oktober 1972 lief die GÖTALAND, das erste fünfgleisige und zu diesem Zeitpunkt sogar größte Eisenbahngüterfährschiff der Welt, vom Stapel. Am 18. April 1973 in Dienst gestellt, begann sie am 1. Mai 1973 mit dem planmäßigen Einsatz auf der Saßnitz-Trelleborg-Route. Die vorrangig für den Gütertransport vorgesehene Fähre bietet seinen wenigen Fahrgästen mit einer Cafeteria und Salons dennoch gediegenen Reisekomfort.

Zwei 6-Zylinder- und zwei 8-Zylinder-Dieselmotoren, die paarweise arbeiten und über Getriebesätze zwei Verstellpropeller antreiben, bilden die Hauptantriebsanlage der GÖTALAND. Sie ist mit einer Flossenstabilisierungsanlage sowie mit vier Krängungsausgleichstanks ausgestattet.

Mit dem Einsatz der ROSTOCK im Jahre 1977 erhielt die GÖTALAND bis zum Jahre 1981 den Status einer Reservefähre, um nach dem Ablauf der Charterzeit der SVEALAND in den Regelverkehr eingesetzt zu werden.

Quelle: Sammlung Foerster

ILICH

Auto- und Passagierfähre /
Flagge Sowjetunion /
Eigner, Reeder Baltic Shipping /
Baujahr 1973 /
Bauwerft Oy Wärtsilä AB, Turku /
Länge über alles 128 m / Breite 22 m /
Tiefgang 5,9 m / Vermessung 8 528 BRT, 3 949 NRT /
Tragfähigkeit 2 460 tdw /
Antriebsleistung 13 200 kW /
Geschwindigkeit 19 kn /
Kapazität 344 Pkw oder entsprechende Anzahl Trailer
bzw. 30 Lkw, 360 Passagiere, alle in Kabinen

Das Schiff wurde 1973 als BORE I von der Bauwerft an
die finnische Bore Steamship Co. abgeliefert und verkehrte bis 1980 unter diesem Namen auf der Linie Turku
– Stockholm für die Silja Line. Ausgelegt ist die BORE I
für 1 200 Passagiere und 360 Pkw. Im Juli 1980 wurde das
Schiff an die EFFOA verkauft und in SKANDIA umbenannt. Am 5. Oktober 1983 kaufte Stena Line die SKAN-
DIA und einen Monat später erwarb die Sowjetunion das
Schiff für ca. 13 Millionen Dollar. Nach einem Umbau

auf der Götaverken-Cityvarvet, wo der vordere Schornstein demontiert wurde und man den hinteren Schornstein so veränderte, daß das Achterschiff von Abgasen
freigehalten werden kann, eröffnete die Sowjetunion
mit der ILICH die neue Verbindung Stockholm–Leningrad. Die Überfahrt dauert 24 Stunden, die Abfahrtfre-
quenz liegt bei zwei Fahrten pro Woche.

Das Autodeck kann über Bug- oder Heckrampe erreicht werden. Für die 360 Pasagiere stehen auf verschiedenen Decks Serviceeinrichtungen, wie Restaurant, Rauchsalon, Grillstube, Swimmingpools und Konferenzräume zur Verfügung. Die Besatzung besteht aus
187 Personen.

Bemerkenswert ist die Anordnung der Bedienungs-
anlagen auf der Brücke, welche halbkreisförmig um den
jeweils Diensthabenden gruppiert sind, so daß alle wichtigen Vorgänge von einer Stelle aus kontrolliert und beeinflußt werden können. Vier Dieselmotoren mit je
3 300 kW verleihen der ILICH eine maximale Geschwindigkeit von 22 kn. Je zwei Motoren treiben über ein spe-
zielles Untersetzungsgetriebe jeweils einen Verstellpropeller an.

Foto: Foerster

KRONBORG

Eisenbahn-, Auto- und Passagierfähre /
Flagge Dänemark /
Eigner, Reeder Dänische Staatsbahnen (DSB) /

Baujahr 1973 /
Bauwerft Aarhus Flyd. og Mask. Aarhus /
Länge über alles 86,11 m / Breite 13,38 m /

Quelle: Sammlung
Autoren

Tiefgang 4 m / Vermessung 1 667,43 BRT, 522 NRT /
1 260 tdw
Antriebsleistung 2 350 kW /
Geschwindigkeit 11 kn /
Kapazität 1 Gleis mit 80,90 m Länge für 8 Güterwagen,
70 Pkw, 800 Passagiere

Die KRONBORG ist eine Eisenbahn- und Autofähre auf dem Öresund, die mit vier Dieselmotoren zu je 588 kW ausgerüstet ist.

Ihre Abmessungen entsprechen denen der anderen Schiffe auf der Linie Helsingborg – Helsingør. Nach der Auslieferung gab es Probleme mit der Steuerung. Am 22. Juli 1973 kam es zu einer Havarie mit der Südmole von Helsingør. Nach der Reparatur der Steuerung traten keine Schwierigkeiten mehr auf.

SVEALAND

Eisenbahnfracht- und Lkw/Trailerfähre /
Flagge Schweden /
Eigner Lion Ferry AB, Halmstad /
Reeder Schwedische Staatsbahnen (SJ) /
Baujahr 1973 /
Bauwerft Nakskov Skibsværft AS, Nakskow /
Länge über alles 149,3 m / Breite 21,6 m /
Tiefgang 5,5 m / Vermessung 5 160 BRT, 1 598 NRT /
Tragfähigkeit 3 040 tdw /
Antriebsleistung 10 300 kW /
Geschwindigkeit 18,5 kn /
Kapazität 5 Gleise mit 575 m Länge für 45 Güterwagen oder entsprechende Anzahl Lkw, 18 Lkw auf gesondertem Autodeck, 36 Passagiere in Kabinen (Lkw-Fahrer)

Nur einige Monate nach der Auftragsvergabe für die GÖTALAND schlossen die SJ einen Vertrag mit der Reederei Lion Ferry AB, Halmstad, ab, der den Bau und die Langzeitcharter eines gleichartigen Schiffes zum Inhalt hatte. Die SVEALAND entsprach in ihren technischen Parametern der GÖTALAND. Sie war von 1973 bis September 1981 auf der Linie Saßnitz–Trelleborg im Einsatz. Nach Ablauf der Charter wurde sie aufgelegt und später an die schwedische Reederei AB Nordö verkauft. Diese ließ das Schiff im Sommer 1982 bei HDW in Hamburg um 33,6 m auf 182 m verlängern und eröffnete im Oktober 1982 mit der SVEALAND (jetzt insgesamt 2 000 Lademeter) eine Frachtfährverbindung zwischen Malmö und Travemünde.

Für den Lkw-Transport erhielt das Eisenbahndeck neben den Schienen einen Holzbohlenbelag, so daß die Lkw problemlos das ehemalige Eisenbahndeck nutzen konnten. Die Entwicklung der Linie verlief so erfolgversprechend, daß sich die schwedische Reederei AB

Quelle: Sammlung Foerster

Nordö Link entschloß, auch wieder Eisenbahngüterwagen zu transportieren.

So wurde die SVEALAND 1986/87 bei Wärtsila erneut zur Eisenbahngüterfähre umgebaut und trajektierte seit August 1987 als SVEA LINK wieder Eisenbahnwagen zwischen Malmö und Travemünde.

DRONNING MARGARETHE II/PRINS HENRIK

Eisenbahn-, Auto- und Passagierfähre /
Flagge Dänemark /
Eigner, Reeder Dänische Staatsbahnen (DSB) /
Baujahr 1973/74 /
Bauwerft Nakskov Skibsværft A/S, Nakskov /
Länge über alles 144,6 m / Breite 17,7 m /
Tiefgang 4,8 m / Vermessung 6211 BRT, 4020 NRT /
Tragfähigkeit 2270 tdw /
Antriebsleistung 10 708 kW /
Geschwindigkeit 17 kn /
Kapazität 3 Gleise mit 352 m Gleislänge für 35 Güterwagen, 125 Pkw auf gesondertem Autodeck, 1286 Passagiere, keine in Kabinen

Die beiden Schwesterschiffe DRONNING MARGARETHE II und PRINS HENRIK wurden im Dezember 1973 bzw. im April 1974 von der Nakskov Skibsværft A/S an die DSB abgeliefert. Sie verkehrten bis 1980/81 als Eisenbahn-Intercity-Fähren (ohne besonderes Autodeck) im Großen Belt zwischen Korsør und Nyborg.

Nachdem sie durch größere Neubauten abgelöst wurden, entschlossen sich die DSB, beide Schiffe zu kombinierten Eisenbahn- und Autofähren umbauen zu lassen und auf anderen Linien einzusetzen. Die Umbauarbeiten führte die Bauwerft in Nakskov aus. Sie lieferte die Fähren im September 1981 bzw. im Juni 1982 ab. Bei den Umbauten wurde der Rumpf der Fährschiffe um 12 m verlängert, die Aufbauten wurden um 2,5 m angehoben, um ein zusätzliches Autodeck zu installieren, die Passagiereinrichtungen erweitert sowie die Heckform an die Fähranlagen in Puttgarden angepaßt. Nach diesen Umbauten waren beide Fährschiffe jeweils 133,5 m

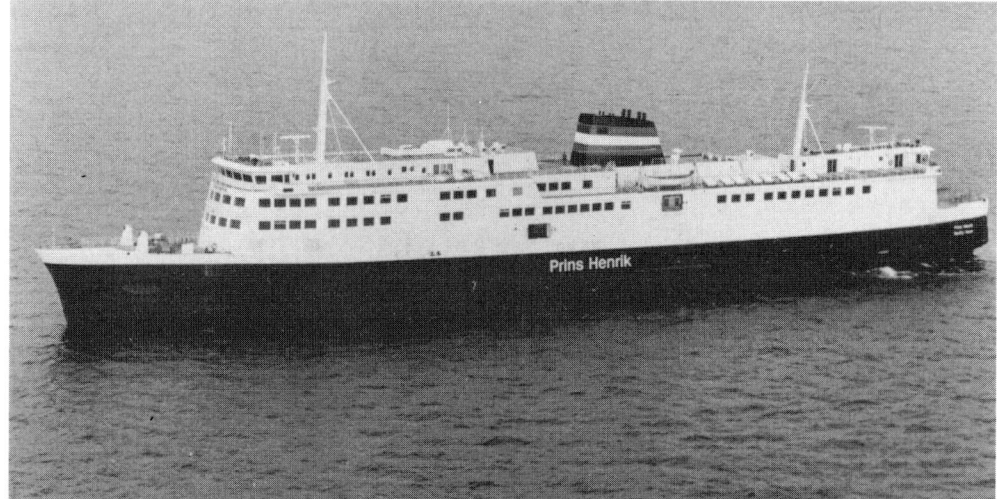

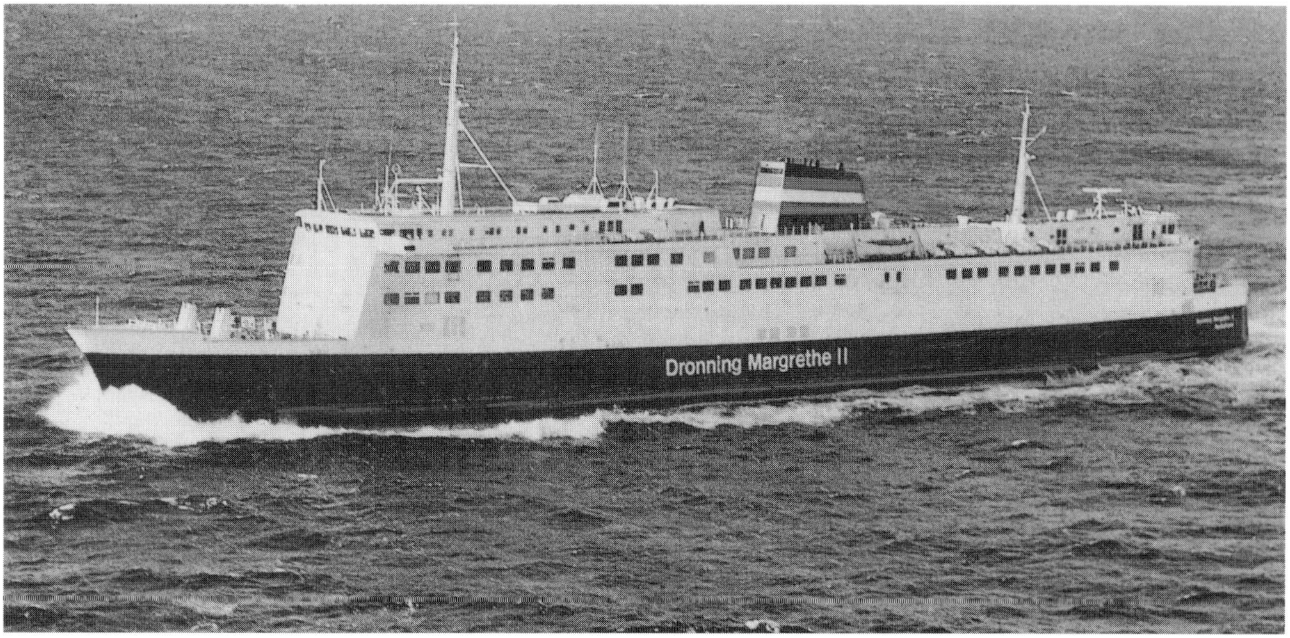

Quelle: Nakskov Skibsværft

Quelle: Sammlung Foerster

lang, 17,7m breit und mit 5623 BRT sowie 2696 NRT vermessen.

Heute transportieren die Schiffe maximal 1500 Passagiere und auf den beiden Decks maximal 250 Pkw. Auf dem dreigleisigen Eisenbahndeck mit Bug- und Heckklappe können neben Güterwagen auch Lkw befördert werden.

Bugruder, zwei Kommandobrücken sowie zwei Bugstrahlruder mit je 735 kW gehören zur Ausstattung beider Fährschiffe. Die Prins Henrik besitzt als Antrieb vier Dieselmotoren B & W/Holeby, Typ 12 U 28 HU mit je 2118 kW, während die Dronning Margarethe II von zwei Dieselmotoren B & W Typ DM-10 V-45-HV mit zusammen 8824 kW angetrieben wird.

GUSTAV VASA/NILS DACKE

Auto- und Passagierfähre /
Flagge Schweden /
Eigner Lion Ferry AB, Halmstad/AB Svelast /
Reeder Öresundsbolaget, später Saga Linjen und
TT-Sage Line /
Baujahr 1973/75 /
Bauwerft Nobiskrug Werft, Rendsburg /

Länge über alles 129 m / Breite 21,0 m /
Tiefgang 4,92 m / Vermessung 7 838 BRT, 4 021 NRT /
Tragfähigkeit 1 800 tdw /
Antriebsleistung 11 770 kW /
Geschwindigkeit 22 kn /
Kapazität 250 Pkw oder entsprechende Anzahl Lkw
bzw. Trailer, 1050 Passagiere, davon 752 in Kabinen

Quelle: Sammlung
Autoren

Die GUSTAV VASA als
NORRONA in Fahrt.
Foto: Foerster

1973 lieferte die Werft Nobiskrug mit der GUSTAV VASA die zur damaligen Zeit modernste Passagier- und Autofähre auf der Ostsee ab. Das neue Schiff wurde auf der Linie Travemünde–Malmö eingesetzt und ersetzte kleinere Schiffe. Für die Überfahrt benötigte man acht Stunden.

Die Linie Malmö–Travemünde wurde von den SJ eingerichtet und ging ab 1. Januar 1972 an die Öresundsbolaget über, um am 1. Mai 1975 von der AB Svealast, einer Tochtergesellschaft der SJ, übernommen zu werden. Von Oktober 1976 bis 1981 fuhren die Schiffe dieser Verbindung für die Saga Linjen, bis 1981 durch Fusion die TT-Sage Line entstand. Während dieser ganzen Zeit versahen die GUSTAV VASA und das Schwesterschiff NILS DACKE (1975) auf der Linie Malmö–Travemünde ihren Dienst.

Die GUSTAV VASA war mit Bug- und Heckklappe ausgerüstet. Den Passagieren standen auf der Überfahrt ein vollklimatisiertes Deck mit Restaurant, Bars, Fernsehraum sowie weiteren Serviceeinrichtungen zur Verfügung. Bei Nachtfahrten konnten bis zu 725 Personen in Kabinen untergebracht werden.

Die beiden Dieselmotoren von Stork-Werkspoor mit je 5 883 kW treiben je einen Verstellpropeller an. Stabilisatoren sorgen für eine ruhige Überfahrt und ein Bugstrahlruder (735 kW) für gute Manövriereigenschaften.

Da der Passagierverkehr von TT-Saga Line auf Trelleborg konzentriert wurde, kam die GUSTAV VASA 1983 zum Verkauf. Seit diesem Zeitpunkt ist sie als NORROENA für Smyril Line, Torshavn, in Dienst. Das Fährschiff unternimmt seit 1987 auch Kreuzfahrten in der Nord- und der Ostsee.

Die NILS DACKE wurde bereits 1981 an Brittanny Ferries verchartert und später verkauft. Heute fährt das Schiff als QUIBERON zwischen Irland, Frankreich und Spanien.

PETER PAN/NILS HOLGERSSON

Auto- und Passagierfähre /
Flagge Bundesrepublik Deutschland /
Eigner TT-Line GmbH, Hamburg /
Reeder TT-Line /
Baujahr 1974/75 /
Bauwerft Nobiskrug Werft, Rendsburg /
Länge über alles 148,9 m / Breite 23,5 m /
Tiefgang 5,5 m / Vermessung 12 528 BRT, 6 903 NRT /
Tragfähigkeit 2 700 tdw /
Antriebsleistung 15 294 kW /
Geschwindigkeit 22 kn /
Kapazität 470 Pkw oder 45 Lkw mit 18 m Länge,
1 600 Passagiere, davon 710 in Kabinen

Die Hamburger TT-Line übernahm am 22. Mai 1974 ihre erste »Jumbo-Fähre«, die PETER PAN. 1975 folgte mit der NILS HOLGERSSON ein Schwesterschiff. Mit diesen Schiffen, mit denen erstmals die 10 000-BRT-Grenze bei Fährschiffen auf der Ostsee überschritten wurde, setzte die Reederei neue Maßstäbe und baute ihre führende Stellung im Verkehr nach Südschweden weiter aus. Nach viermonatiger Betriebszeit der PETER PAN ergaben sich folgende Zuwachsraten:

47 % bei Passagieren, 40 % beim Transport von Pkw und 63 % beim Transport von Lkw. Diese Fährschiffe hatten erstmals die Größe und den Komfort von Kreuzfahrtschiffen. Die NILS HOLGERSSON erhielt zusätzlich eine AEG-Denny Brown Flossenstabilisierungsanlage und führte auch bis 1980 in den Wintermonaten Kreuzfahrten durch.

Die Passagiere gelangen mit dem Pkw über die Bug- oder Heckklappe oder auch über zwei Doppel-Passagierpforten an Bord. Die Passagierkabinen sind in verschiedenen Decks mit unterschiedlichem Standard untergebracht. Alle Kabinen verfügen aber über Bad/Dusche und WC. In den Restaurants, Bars, Salons sowie im Konferenzraum finden 890 Personen Platz. Außerdem stehen ein Supermarkt, Kioske, zwei Schwimmbäder, zwei Saunas und ein Kinderspielzimmer zur Verfügung. Alle Räume sind vollklimatisiert.

Das Wagendeck ist für 13 t Achslast bei 1,3 m Achsabstand bemessen und bietet 244 Pkw oder 45 Lkw Platz. Das darüber angeordnete Hängedeck kann nochmals 226 Pkw aufnehmen. Die Hauptmaschine besteht aus zwei OEW-Pielstick 16 PC 2–5 V mit je 7 647 kW, die jeweils über ein Untersetzungsgetriebe einen Ver-

stellpropeller mit einem Durchmesser von 3,5 m antreiben. Zwei Heckruder, jeweils hinter den Verstellpropellern angeordnet, sowie zwei Bugstrahlruder (je 735 kW) garantieren eine gute Manövrierfähigkeit. Eine pneumatische Krängungsanlage sichert beim Be- und Entladen die horizontale Lage des Schiffes.

Um Neubauten finanzieren zu können, wurde die NILS HOLGERSSON an Australien verkauft, nachdem sie am 18. September 1984 das letzte Mal zwischen Trave-münde und Trelleborg verkehrte. Seit 1985 fährt das Schiff als ABEL TASMAN unter australischer Flagge. Die PETER PAN, am 1. Januar 1986 in ROBIN HOOD umbenannt, fuhr bis zur Indienststellung der zweiten neuen Fähre unter diesen Namen. Im Frühjahr 1987 wurde sie an Griechenland verkauft und ist heute als FEDRA im Mittelmeer eingesetzt. Auch in ihren neuen Fahrtgebieten bieten die Schiffe noch überdurchschnittlichen Komfort.

GEDSER LINK

Auto- und Passagierfähre /
Flagge Bahamas /
Eigner, Reeder GT-Link /
Baujahr 1975 /
Bauwerft Helsingør Værft A/S, Helsingør /
Länge über alles 144,5 m / Breite 24,4 m /
Tiefgang 6,9 m / Vermessung 5 991 BRT / 1 977 NRT /
Tragfähigkeit 6605 tdw /
Antriebsleistung 20 190 kW /
Geschwindigkeit 21 kn /
Kapazität 350 Pkw oder entsprechende Anzahl Lkw, 600 Passagiere, davon 24 in Kabinen

Die GEDSER LINK wurde 1975 als reiner Ro/Ro-Frachter zusammen mit einem Schwesterschiff als DANA GLORIA für die DFDS, Kopenhagen, gebaut und war zum Zeitpunkt der Indienststellung eins der modernsten Schiffe dieser Art auf der Welt. 1976/77 fuhr es als DRACHENFELS in Charter der deutschen DDG Hansa. Seit 1977, inzwischen als DANA HAFNIA in Dienst, befuhr das Schiff die Linie Esbjerg–Harwich oder war auf anderen Linien in der Nordsee eingesetzt.

Ende 1985 wurde das Schiff an Mols-Linjen verkauft, wechselte allerdings bereits Anfang 1986 erneut den Besitzer. Die GT-Linien kauften das Ro/Ro-Schiff für ca. drei Millionen Dollar und bauten es bis Mai 1986 zu der kombinierten Passagier- und Autofähre GEDSER um. Die notwendigen Passagiereinrichtungen wurden auf dem ehemaligen Containerdeck untergebracht. Außerdem mußten Anpassungen am Heck und eine zusätz-

Foto: Foerster

liche Seitenpforte an der Backbordseite für das obere Autodeck realisiert werden.

Seit Mai 1986 verkehrt das Schiff auf der Linie Travemünde–Gedser. Nach der Übernahme der Linie durch die GT-Link wurde die Fähre in GEDSER LINK umbenannt.

Die Beladung des Autodecks wird in Gedser über die Bugklappe und in Travemünde über die Heckklappe vorgenommen. Innerhalb des Schiffes ist noch eine Hauptrampe von 52 m Länge (Steigung 6 %) vorhanden, um auch innerhalb des Schiffes die Pkw auf zwei Decks verteilen zu können. Die Hauptmaschinenanlage besteht aus zwei 18-Zylinder-Dieselmotoren B & W vom Typ 18 U 50 LU mit je 10 095 kW, welche über ein Untersetzungsgetriebe jeweils einen Verstellpropeller antreiben.

RAILSHIP I

Eisenbahnfracht- und Lkw/Trailerfähre /
Flagge BRD /
Eigner Railship-Gruppe (EFFOA, Schenker, Gehrckens) /
Reeder H. M. Gehrckens GmbH & Co. /
Baujahr 1975 /
Bauwerft Rickmers Werft, Bremerhaven /
Länge über alles 177,2 m / Breite 21,6 m /
Tiefgang 6,2 m / Vermessung 6 523 BRT, 3 150 NRT /
Tragfähigkeit 9 100 tdw / Antriebsleistung 14 700 kW /
Geschwindigkeit 20,5 kn /
Kapazität 1 710 m Gleis auf 3 Decks, 660/690/360 m pro Deck bei jeweils 5 Gleisen pro Deck für 85 Wagen mit 20 m Länge oder entsprechende Anzahl Lkw bzw. Trailer, 10 Passagiere

Im Dezember 1973 wurde die Railship-Gruppe gegründet. Diese bestellte bei der Rickmers Werft Bremerhaven ein Eisenbahngüterfährschiff mit drei Eisenbahndecks für die Linie Travemünde – Hanko. 1975 eröffnete die RAILSHIP I diese Verbindung.

Damit wurden erstmals Eisenbahnwagen auf drei übereinanderliegenden Decks transportiert. Die Beladung des Schiffes erfolgt am Heck über das Hauptdeck, von wo aus die Wagen durch Liftanlagen an die anderen Ebenen verteilt werden. Über eine Drehwinkelweiche im Bug des Schiffes und Uni-Loks, welche auf Schienen sowie auf dem normalen Deck fahren können, kommen die Wagen auf die einzelnen Gleise. Diese Uni-Loks und die Wagen wurden speziell für diesen Dienst gebaut und sind ebenfalls Eigentum der Railship GmbH. Sämt-

Foto: Kroehnert

liche Wagen werden in geschlossenen Decks untergebracht.

RAILSHIP I wurde mit Gleisen in Normalspurweite ausgerüstet. Die notwendige Umachsung der Wagen auf die finnische Breitspur bei einer Umachszeit pro Wagen von zehn Minuten wird in Hanko vorgenommen. Für das Be- und Entladen werden insgesamt fünf bis sechs Stunden benötigt.

Da das Transportaufkommen ständig stieg, entschied man sich, die RAILSHIP I verlängern zu lassen. Die ursprünglichen Daten (Länge 150 m, Tragfähigkeit 7100 tdw und Gleislänge 1307 m) veränderten sich auf die heutigen, im Kopf genannten Parameter. Um den Verkehr auch bei Eisgang zu ermöglichen, besitzt das Schiff die finnische Eisklasse Super I A.

Pro Jahr sind durchschnittlich 95 Rundreisen im Angebot, wobei 32 Stunden für die 540 sm lange Strecke benötigt werden.

HOLGER DANSKE

Quelle: Jernbanemuseet

Eisenbahn-, Auto- und Passagierfähre /
Flagge Dänemark /
Eigner, Reeder Dänische Staatsbahnen (DSB) /
Baujahr 1976 /
Bauwerft Aalborg Værft, A/S, Aalborg /
Länge über alles 86,11 m / Breite 13,38 m /
Tiefgang 4,0 m /
Vermessung 1672 BRT, 545 NRT, 690 tdw /
Antriebsleistung 2350 kW /
Geschwindigkeit 11 kn /
Kapazität 1 Gleis mit 80,40 m Länge für 8 Wagen, 70 Pkw, 800 Passagiere

Das auf dem Öresund eingesetzte Schiff besitzt die gleichen Abmessungen und Einrichtungen wie die in den Jahren zuvor in Dienst gestellten Fähren, lediglich das

Promenadendeck ist etwas länger.

Ein Nachteil bei diesem wie auch bei den Schwesterschiffen ist, daß die Passagiere nicht vom Wagendeck problemlos zum Promenadendeck gelangen können, da das Zwischendeck der Besatzung vorbehalten ist. Die Passagiere müssen auf der einen Seite eine 5-m-Treppe hinaufsteigen und auf der anderen Seite wiederum Treppen hinuntersteigen. Ein sicherlich nicht guter Service.

FINNJET

Auto- und Passagierfähre /
Flagge Finnland /
Eigner EFFOA, Helsinki /
Reeder Finnjet-Silja Line, Helsinki /
Baujahr 1977 /
Bauwerft OY Wärtsilä AB, Helsinki /
Länge über alles 212,8 m / Breite 25,4 m /
Tiefgang 7,2 m / Vermessung 25 042 BRT, 11 500 NRT /
Tragfähigkeit 2 500 tdw / Antriebsleistung 55 148 kW /
Geschwindigkeit 30,5 kn /
Kapazität 374 Pkw oder entsprechende Anzahl Lkw,
1 790 Passagiere, alle in Kabinen

Das wohl heute bekannteste Fährschiff im Ostseeraum ist die 1977 in Dienst gestellte FINNJET auf der Linie Travemünde–Helsinki. Marktstudien ergaben Anfang der 70er Jahre, daß in den 80er Jahren mit einem erhöhten Verkehrsaufkommen im Finnlandverkehr zu rechnen wäre. Um dieser Entwicklung zu entsprechen, wurden verschiedene Alternativen untersucht. Finnlines entschied sich für den Bau der FINNJET, da sie mit einer Rundreisedauer von zwei Tagen – bei Eis drei Tage – zwei bis drei herkömmliche Fähren ersetzen konnte und eine Passagierkapazität von 350 000 Personen pro Jahr bot. Folgende Kriterien lagen dem Entwurf der FINNJET zugrunde:

– Rundreisedauer von 48 Stunden für die 600 sm lange Strecke;
– Hafenliegezeit von zwei Stunden (Schaffung eines leistungsfähigen Terminals erforderlich);
– großzügige Aufenthaltsräume,
– Deadweight mindestens 2 500 t, um ausreichend Trailer und Lkw befördern zu können und
– alle Passagiere werden in Kabinen untergebracht.

Dabei wurden die Passagierkabinen im ruhigen Vorschiff angeordnet und die lauten Gesellschaftsräume über den Maschinenräumen. Die übrige Ausstattung entspricht dem Niveau auf Kreuzfahrtschiffen. Für die Passagiere ist ein ausreichendes Freizeitangebot vorhanden, u. a. ein Hauptrestaurant mit 342 Plätzen, ein

Quelle: Sammlung
Foerster

113

Grillrestaurant, ein Tanzsaal mit 318 Plätzen, ein Nacht-klub, ein Schimmbad, eine Diskothek, eine Bierbar, ein Kino und eine Skybar. Die Küche, welche in der Lage ist, 1 300 Essen gleichzeitig bereitzustellen, verwendet an Land vorbereitete Speisen, welche in Kühlcontainern an Bord kommen. Die anfallenden Abwässer werden chemisch und biologisch gereinigt. Feste Abfälle preßt man und entsorgt sie an Land.

Die FINNJET verfügt über Bug- und Heckklappe zum Befahren der Autodecks sowie über die finnische Eis-klasse Super I A. Die Hauptantriebsanlage besteht aus zwei Pratt and Whitney Gasturbinen vom Typ FT 4C-1DLF mit je 27 574 kW. Über ein dreistufiges Unterset-zungsgetriebe werden damit zwei vierflüglige Verstell-propeller vom Typ KaMeWa mit 171 U/min angetrie-ben. Eine Gasturbine kann innerhalb von sechs Stunden ausgetauscht werden; ein Reserveaggregat wird an Bord mitgeführt. Von Oktober bis Dezember 1981 wurde die FINNJET in Amsterdam mit zwei 18-Zylinder-Diesel-Piel-stick-Wärtsilä ausgerüstet, die 11 400 kW leisten und über zwei Generatoren zwei Elektrofahrmotoren an-treiben, die bei 14 400 kW die FINNJET auf eine Ge-schwindigkeit von 18,5 kn bringen. Für eine Überfahrt werden dann 36 Stunden benötigt. Den Einbau von 29 Luxuskabinen nahm man 1986 vor.

Nachdem die FINNJET 1986 an die EFFOA verkauft wurde, wird sie seit Juni 1987 von der Silja Line bereе-dert. Durch ihre Konstruktion war die FINNJET der Pro-totyp der »Jumbofähren«. Die Auslastung liegt heute bei ca. 80 %.

MIKOLAJ KOPERNIK / JAN HEWELIUSZ

Eisenbahnfracht- und Lkw/Trailerfähre /
Flagge Polen /
Eigner, Reeder Polish Oceans Lines, POL /
Baujahr 1977 /
Bauwerft Trosvik Mek. Verksteder, Brevik /
Länge über alles 125,6 m / Breite 17,2 m /
Tiefgang 4,3 m / Vermessung 3 015 BRT, 1 043 NRT /
Tragfähigkeit 2 035 tdw / Antriebsleistung 5 414 kW /
Geschwindigkeit 17 kn /
Kapazität 4 Gleise mit 400 m Länge für 36 bis 40 Güter-wagen, Lkw-/Trailerdeck für 18 bis 22 Lkw, 36 Passa-giere (Lkw-Fahrer)

Die JAN HEWELIUSZ ist ein modifizierter Nachbau der MIKOLAJ KOPERNIK, welche 1974 von derselben Werft ge-liefert wurde und im gleichen Jahr den Eisenbahnfähr-verkehr zwischen Polen und Schweden neu eröffnete.

Beide Schiffe wurden nach den gleichen Prinzipien gebaut wie die Fährschiffe der dritten Generation auf der »Königslinie«: viergleisiges Eisenbahndeck mit Heckklappe und darüberliegendes Autodeck mit ach-terner Zufahrt. Das Eisenbahndeck kann ebenfalls zum Transport von Lkw verwendet werden.

Der Antrieb der JAN HEWELIUSZ erfolgt durch 4 Diesel-motoren vom Typ Sulzer 10 AL 25/30 mit je 1 354 kW.

Foto: Foerster

Bugstrahlruder sowie eine Krängungsanlage gehören ebenfalls zur Ausstattung. Für die Lkw-Fahrer stehen für die sechs bis sieben Stunden dauernde Überfahrt Kabinen und ein Restaurant zur Verfügung.

Am 19. August 1982 legte sich die Jan Heweliusz beim Entladen des Eisenbahndecks in Ystad mit 55' Schlagseite auf die Kaimauer. Nach schwieriger Bergung und Reparatur konnte das Schiff erst nach sieben Wochen wieder in den Dienst gestellt werden. Am 7. November des gleichen Jahres wurde die Mikolaj Kopernik durch Kabelbrand beschädigt und fiel für zwei Wochen aus. Im September 1986 brannte auf der Jan Heweliusz ein Lkw. Der Brand griff schnell um sich. Personen kamen nicht zu Schaden. Die anschließende Reparatur wurde bis November 1986 bei Blohm & Voss in Hamburg vorgenommen.

Trotz dieser Rückschläge konnten in den ersten zehn Jahren (1974–1984) des Bestehens dieser Eisenbahnfährlinie insgesamt 4 Millionen Tonnen Güter von beiden Schiffen transportiert werden.

ROSTOCK

Eisenbahnfracht- und Lkw/Trailerfähre /
Flagge DDR /
Eigner, Reeder Deutsche Reichsbahn (DR) /
Baujahr 1977 /
Bauwerft Bergens Mekaniske Verksteder, Bergen /
Länge über alles 158,4 m / Breite 22,6 m /
Tiefgang 5,5 m / Vermessung 6 111 BRT, 1 680 NRT /
Tragfähigkeit 3 210 tdw / Antriebsleistung 12 880 kW /
Geschwindigkeit 20,5 kn /
Kapazität 5 Gleise mit 606 m Länge für 49 Güterwagen oder entsprechende Anzahl Lkw, 20 Lkw auf gesondertem Autodeck, 36 Passagiere in Kabinen (Lkw-Fahrer)

Nachdem von den SJ seit 1973 erstmals fünfgleisige Fährschiffe auf der Linie eingesetzt wurden, die erheblich zur Forcierung des Verkehrsaufkommens beitrugen, vergab auch die DR einen Auftrag zum Bau einer kombinierten Eisenbahnkraftfahrzeugfähre.

Am 8. November 1975 wurde die norwegische Werft A. S. Bergens Mekaniske Verksteder damit beauftragt. Gleichzeitig mit der Inbetriebnahme des umgebauten Fährbettes II in Saßnitz nahm die neue Rostock am 25. Juli 1977 den fahrplanmäßigen Dienst auf. Bis heute ist sie als Güterhauptfähre der DR auf der »Königslinie« im Einsatz. Den Passagieren – maximal 36 Personen – stehen eine Cafeteria mit 39 Plätzen sowie 18 Plätze im Vestibül zur Verfügung.

Die Hauptantriebsanlage besteht aus zwei einfachwirkenden 8-Zylinder-Viertakt-MAN-Dieselmotoren, deren Leistung paarweise über zwei Getriebe auf zwei Verstellpropeller übertragen wird. Mit Hilfe einer Krängungsanlage werden die bei Be- und Entladearbeiten auftretenden einseitigen Belastungen ausgeglichen. Die guten Manövriereigenschaften gewährleisten zwei Flächenruder, ein Bugflächenruder und zwei Bugstrahlruder. Für die Minderung der Rollbewegung des Schiffes sorgt ein Schlingerdämpfungstank.

Quelle: Zentrale
Bildstelle der DR

POMERANIA/SILESIA

Auto- und Passagierfähre /
Flagge Polen /
Eigner, Reeder Polish Baltic Shipping (PZB),
Kolobrzeg /
Baujahr 1978/79 /
Bauwerft A. Warskiwerft, Szczecin /
Länge über alles 127,4 m / Breite 19,5 m /
Tiefgang 5,06 m / Vermessung 7414 BRT, 3819 NRT /
Tragfähigkeit 1146 tdw / Antriebsleistung 12355 kW /
Geschwindigkeit 19 kn /
Kapazität 468 Lademeter für 277 Pkw oder entsprechende Anzahl Lkw, 984 Passagiere, davon 463 in Kabinen

Die POMERANIA ist der erste Fährschiffsneubau der polnischen Werftindustrie und gleichzeitig das erste neue Schiff, welches von Polferries eingesetzt wurde. Es sollte das Typschiff für eine größere Serie sein, aber nur die SILESIA folgte 1979 nach. Zwei weitere abgewandelte Nachbauten gingen an die Türkei.

Die POMERANIA verfügt über Bug- und Heckklappe, so daß der Richtungsverkehr für die Autos gegeben ist.

Das Autodeck ist mit zusätzlichen Hängedecks zur Aufnahme von weiteren Pkw ausgerüstet. Den Passagieren stehen in den vollklimatisierten Decks Restaurants, Spielsalon, Cafeteria und Konferenzräume zur Verfügung. Um das Schiff auch auf längeren Strecken einsetzen zu können, wurden ausreichend Kabinenplätze vorgesehen. Eine Schlingerdämpfungsanlage sorgt für ruhige Fahrten auch bei ungünstigen Witterungsbedingungen. Der Antrieb erfolgt durch vier Zgoda-Sulzer-Dieselmotoren vom Typ 6ZL 40/48 mit je 3089 kW.

Im Zeitraum Juli bis Oktober 1978 befuhr die POMERANIA die Linie Świnoujscie–Ystad. Im November 1978 versuchte Polferries mit dieser Fähre die polnische Fährschiffahrt auch auf die Nordsee auszudehnen; es wurden Abfahrten in der Relation Świnoujscie–Kopenhagen–Felixstowe (England) geboten. Doch Ende 1979 stellte man die Linie wegen mangelnder Auslastung wieder ein. Seit dieser Zeit befährt die Fähre verschiedene Linien von Polferries (z. B. Helsinki–Gdansk). Zwischenzeitlich wurde sie an Tunesien verchartert und im Mittelmeer zwischen Tunis und Genua eingesetzt.

Foto: Foerster

DIANA II

Auto- und Passagierfähre /
Flagge Schweden /
Eigner AB Slite, Stockholm /
Reeder Viking Line /
Baujahr 1979 /

Bauwerft Jos. L. Meyer, Papenburg /
Länge über alles 137 m / Breite 24,2 m /
Tiefgang 5,6 m / Vermessung 11671 BRT, 5459 NRT /
Tragfähigkeit 2400 tdw /
Antriebsleistung 17600 kW / Geschwindigkeit 21 kn /

Quelle: Sammlung Foerster

Kapazität 480 Pkw oder 45 Lkw, 1 900 Passagiere, davon 878 in Kabinen

Die DIANA II war der erste Neubau der Rederi AB Slite im Rahmen des Erneuerungsprogramms der Viking-Flotte 1979/80. Das Schiff wurde auf der Meyer-Werft am 16. Oktober 1978 auf Kiel gelegt und konnte bereits am 31. März 1979 abgeliefert werden. Auch alle vorher von AB Slite betriebenen Schiffe wurden auf dieser Werft gebaut.

Seit ihrer Indienststellung befährt die DIANA II die Linie Kapellskär–Mariehamn–Naantali. Sie verfügt über eine Bug- und zwei Heckklappen, über die das Autodeck erreicht werden kann. Für Pkw sind pro Seite noch zwei zusätzliche Seitenpforten vorhanden. Angetrieben wird das Schiff von vier MAN-Dieselmotoren vom Typ 8L 40/45, die über Untersetzungsgetriebe zwei Verstellpropeller antreiben. Zwei Bugstrahlruder verleihen dem Schiff eine hohe Manövrierfähigkeit. Den Passagieren stehen in den großzügig gestalteten Decks Restaurants, Salons, Saunas, Konferenzräume und andere Einrichtungen zur Verfügung.

TREKRONER

Eisenbahnfracht- und Lkw/Trailerfähre /
Flagge Dänemark /
Eigner, Reeder Dänische Staatsbahnen (DSB) /
Baujahr 1979 (Umbau 1986) /
Bauwerft Ankerlökken Shipyard, Florö (Nakskov Skibsværft A/S, Nakskov) /
Länge über alles 198,5 m / Breite 21 m /
Tiefgang 7 m / Vermessung 15 195 BRT, 4 558 NRT /
Tragfähigkeit 6 266 tdw / Antriebsleistung 11 770 kW /
Geschwindigkeit 15 kn /
Kapazität 5 Gleise mit 800 m Länge für 50 Wagen, 32 Lkw oder Trailer auf dem Autodeck, 12 Begleitpersonen

Die DSB beteiligten sich mit der TREKRONER an der Verbindung Kopenhagen–Helsingborg. Sie kauften zu diesem Zweck den 1979 gebauten Ro/Ro-Frachter SCANDIC WASA an. Das Schiff wurde im Februar 1986 von der

Quelle: Sammlung
Foerster

schwedischen Reederei Salen AB übernommen. Die Nakskov Werft übernahm den Umbau des Schiffes, der insgesamt 116 Millionen Dänische Kronen kostete. Der Ablieferungstermin 15. Oktober 1986 verzögerte sich allerdings um einige Monate, so daß die DSB nach Eröffnung der Linie am 3. November 1986 erst einige Monate die DRONNING INGRID einsetzen mußten.

Die Umbauwerft führte folgende Arbeiten aus, um aus dem Ro/Ro-Schiff eine Eisenbahnfähre zu machen:
– Verlängerung des Schiffes um 36, 3 m;
– Einbau eines fünfgleisigen Eisenbahndecks mit 800 m Gleis;
– Aufbau eines zusätzlichen Trailerdecks;
– Anpassungsarbeiten am Heck, um den Fähranlegern zu entsprechen;
– Einbau eines Bugruders sowie Veränderungen an der Ruderanlage.

Die TREKRONER entspricht nach dem Umbau in ihren technischen Parametern der schwedischen ÖRESUND. Es kann nur über Heck das Eisenbahndeck beladen werden. Das Lkw-Deck wird durch Seitenpforten bedient. Somit können durch den Einsatz beider Schiffe in beiden Richtungen täglich zehn Güterzüge mit insgesamt 13 500 t transportiert werden.

TURELLA/ROSELLA

Auto- und Passagierfähre /
Flagge Finnland /
Eigner SF-Line AB /
Reeder Viking Line /
Baujahr 1979/80 /
Bauwerft Oy Wärtsilä AB, Turku /
Länge über alles 136,2 m / Breite 24,2 m /
Tiefgang 5,4 m / Vermessung 10 757 BRT, 5 517 NRT /
Tragfähigkeit 2 300 tdw /
Antriebsleistung 17 652 kW /
Geschwindigkeit 21 kn /
Kapazität 575 Pkw oder 160 Pkw und 45 Lkw auf je 18 Lademeter, 1 700 Passagiere, davon 740 in Kabinen

Mit der am 4. Juni 1979 gelieferten TURELLA eröffnete die Viking Line ihr Flottenerneuerungsprogramm. Das Schwesterschiff, die ROSELLA, folgte am 18. April 1980. Beide Schiffe verkehren auf der Strecke Stockholm–Mariehamn–Turku und Kapellskär–Mariehamn–Naantali. Während die ROSELLA auch heute noch für die Viking Line fährt, wurde die TURELLA am 1. September 1988 an die Stena Line verkauft. Sie fährt heute als STENA NORDICA auf der Verbindung Moss–Frederikshavn.

Von den 1 700 Passagieren können 740 in Kabinen untergebracht werden. 245 Personen finden in Pullmannsesseln Platz. Die Passagiereinrichtungen erstrecken sich über drei Decks. In diesem vollklimatisierten Bereich befinden sich u. a. Restaurants, Bars und Konferenzräume mit insgesamt 1 275 Plätzen.

Quelle: Sammlung Foerster

Die Autos werden auf dem Hauptdeck, was durch zwei Heck- und eine Bugklappe erreicht werden kann, und auf zusätzlichen Hängedecks befördert. Im darüberliegenden Deck erstreckt sich noch fast über die halbe Schiffslänge ein Pkw-Deck, welches nochmals 160 Pkw Platz bietet. Dieses Deck kann durch vier Seitenpforten oder über eine Rampe vom Hauptdeck erreicht werden.

Der Antrieb erfolgt durch vier Wärtsilä SEMT Pielstick 12 PC 2-2V Dieselmotoren, die über Getriebe zwei Verstellpropeller antreiben. Beide Schiffe verfügen über die Eisklasse IA und zwei Bugstrahlruder.

DRONNING INGRID

Eisenbahn- und Passagierfähre /
Flagge Dänemark /
Eigner, Reeder Dänische Staatsbahnen (DSB) /
Baujahr 1980 /
Bauwerft Helsingør Værft A/S, Helsingør /
Länge über alles 152,2 m / Breite 23,7 m /
Tiefgang 6 m / Vermessung 10606 BRT, 5088 NRT /
Tragfähigkeit 4490 tdw /
Antriebsleistung 18708 kW /
Geschwindigkeit 17 kn /
Kapazität 420 Pkw, 4 Gleise mit 494,7 m Gleis für ca. 40 Güterwagen oder 18-D-Zug-Wagen, 2000 Passagiere

1980/81 wurde eine neue Generation von Eisenbahnfährschiffen mit einem viergleisigen Eisenbahndeck und einer Breite von 23,7 m auf dem Großen Belt eingesetzt. Für den Einsatz dieser neuen großen Fährschiffe mußten die Landanlagen verändert werden. So entstanden neue Liegeplätze mit zweigleisigen Fährbrücken in den Hafenanlagen des Großen Belt.

Die Schwesterschiffe DRONNING INGRID (1980), PRINS JOACHIM (1980) und KRONPRINS FREDERIK (1981) verkehren im Stundentakt auf der Linie Korsør–Nyborg und benötigen für eine Überfahrt 70 Minuten. Die Schiffe verfügen über ein viergleisiges Eisenbahndeck, das 18

Quelle: Sammlung
Foerster

Inter-City-Wagen mit je 26,4 m Länge Platz bietet und über Bug und Heck befahren werden kann. Das Deck wurde so gestaltet, daß es auch in ein Lkw-Deck bzw. mittels Hängedeck in zwei Pkw-Decks verändert werden kann.

Über dem Eisenbahndeck sind zwei Decks für Passagiere angeordnet. Hier finden die maximal 2 000 Passagiere Restaurants, Panorama-Salons, Veranden und Cafeterias mit insgesamt 1 113 Plätzen vor. Die Haupt-

antriebsanlage besteht aus sechs 16-Zylinder-Burmeister-&-Wain-Dieselmotoren mit je 3 118 kW, die auf zwei Verstellpropeller arbeiten. Zusätzlich ist das Schiff mit zwei Bugstrahlrudern KaMeWa mit je 735 kW und einem Bugruder zur besseren Manövrierfähigkeit ausgerüstet. 1986 befuhr die Eisenbahn- und Passagierfähre DRONNING INGRID aushilfsweise für die Reederei Dan Link die Linie Kopenhagen–Helsingborg und transportierte Eisenbahngüterwagen.

GEORG OTS

Auto- und Passagierfähre /
Flagge Sowjetunion /
Eigner, Reeder Estonion Shipping /
Baujahr 1980 /
Bauwerft A. Warski Werft, Stettin /
Länge über alles 134,5 m / Breite 21,0 m /
Tiefgang 5,4 m / Vermessung 9 841 BRT, 4 805 NRT /
Tragfähigkeit 1 360 tdw /
Antriebsleistung 11 400 kW /
Geschwindigkeit 21 kn /

Kapazität 14 Pkw in Pkw-Garage, 440 Passagiere, davon 212 in Kabinen

Die GEORG OTS war das erste Fährschiff/Kreuzfahrtschiff, welches Polen für die Sowjetunion baute. Es wurde rechtzeitig zur Olympiade 1980 geliefert und ist seit dieser Zeit regelmäßig auf der Linie Tallin–Helsinki im Einsatz. Das Schiff wurde vorrangig für den Passagierverkehr gebaut, so daß nur eine kleine Garage für 14 Pkw existiert, die durch Seitenpforten zu erreichen ist.

Foto: Foerster

Die GEORG OTS und auch die Schwesterschiffe können auch für Kreuzfahrten eingesetzt werden. Die Strecke Helsinki–Tallinn wird mehrmals wöchentlich befahren. Die Überfahrt dauert drei Stunden. Den Passagieren stehen in dieser Zeit verschiedene Serviceeinrichtungen, die über vier Decks verteilt sind, zur Verfügung; u. a. Restaurants, Cafeteria, Konferenzraum, Bar sowie ein Nachtklub mit insgesamt 840 Plätzen. Die Passagiereinrichtungen sind vollklimatisiert.

Der Hauptantrieb der Fähre besteht aus vier Zgoda Sulzer Dieselmotoren vom Typ 6 ZL 40/48 mit je 2 850 kW, welche paarweise einen Verstellpropeller antreiben. Außerdem ist die GEORG OTS mit Stabilisatoren und einem Bugstrahlruder mit 800 kW ausgerüstet.

Bekannt wurde die Auto- und Passagierfähre vor allem 1986, als sie Michail Gorbatschow und seiner Delegation als Hotelschiff während des Reykjavik-Gipfels mit Präsident Reagan diente.

SALLY ALBATROSS

Auto- und Passagierfähre /
Flagge Finnland /
Eigner EFFOA/Föreningsbanken /
Reeder Sally Line /
Baujahr 1980 /
Bauwerft Oy Wärtsilä AB, Turku /
Länge über alles 148,5 m / Breite 25,2 m /
Tiefgang 5,5 m / Vermessung 15 180 BRT, 7 200 NRT /
Tragfähigkeit 2 870 tdw /
Antriebsleistung 19 480 kW /
Geschwindigkeit 21,3 kn /
Kapazität etwa 300 Pkw, 1 016 Passagiere in Kabinen

Die SALLY ALBATROSS wurde als VIKING SAGA für die Viking Line am 26. Juni 1980 von der Wärtsilä Werft in

Turku abgeliefert und zwischen Stockholm und Helsinki eingesetzt. Dabei konnte sie bis zu 2 000 Passagiere und 540 Pkw befördern.

Nachdem die VIKING SAGA, wie auch das Schwesterschiff VIKING SONG, 1985/86 durch Neubauten ersetzt wurde, fuhr sie seit 1986 als ALBATROSS als Kreuzfahrtschiff auf der Ostsee. Dabei wurden Reisen von Helsinki nach Leningrad, Tallinn und nach Gotland unternommen, einschließlich des Pkw-Transports.

Um auch auf diesem Schiff den Standard von Kreuzfahrtschiffen bieten zu können, wurde die SALLY ALBATROSS, so hieß das Schiff inzwischen, 1988 auf der Seebeckwerft in Bremerhaven umgebaut und modernisiert. Dabei entstanden zusätzliche Luxuskabinen, Konferenzräume sowie weitere Besatzungskammern. Außer-

lich gestaltete man die Linienführung der vorderen Aufbauten, einschließlich des Schanzkleides auf dem Vorschiff, um.

Nach diesem Umbau kommt die SALLY ALBATROSS für 24-Stunden-Kreuzfahrten ab Helsinki in verschiedenen Gebieten der Ostsee zum Einsatz.

Die Bugrampe und auch die zwei Heckrampen blieben beim Umbau erhalten, so daß nach wie vor Passagiere ihre Autos mitnehmen können. Vier Dieselmotoren vom Typ Wärtsilä Pielstick S.E.M.T. 12 PC 2–5 V treiben paarweise einen Verstellpropeller an. 1990 brannte das Schiff auf der Werft aus.

Foto: Foerster

VIKING SALLY

Auto- und Passagierfähre /
Flagge Finnland /
Eigner EFFOA, vorher Sally AB /
Reeder Viking Line /
Baujahr 1980 /
Bauwerft Jos. L. Meyer, Papenburg /
Länge über alles 155,4 m / Breite 24,2 m /
Tiefgang 5,5 m / Vermessung 15 567 BRT, 8 372 NRT /
Tragfähigkeit 2 800 tdw /
Antriebsleistung 17 600 kW /
Geschwindigkeit 21 kn /

Kapazität 460 Pkw oder 52 Lkw auf je 18 Lademeter, 2 000 Passagiere, davon 1 190 in Kabinen

Mit der VIKING SALLY stellte die Viking Line ihr größtes Schiff innerhalb des Neubauprogramms 1979/80 in Dienst. Nachdem das Schiff am 26. April 1980 vom Stapel lief, konnte es bereits am 29. Juni 1980 an den Auftraggeber abgeliefert werden. Die VIKING SALLY wurde auf der Linie Turku–Marienhamn–Stockholm eingesetzt. Von den maximal 2 000 Passagieren können 1 190 in Kabinen untergebracht werden. Außerdem sind Re-

Quelle: Sammlung Foerster

staurants, Speisesäle, verschiedene Hallen und Arkaden sowie Swimmingpools und Saunas an Bord. Diese Passagiereinrichtungen erstrecken sich über vier Decks. Das Autodeck (Höhe 4,7 m) kann durch eine Bugklappe oder über zwei Heckrampen erreicht werden.

Die vier Hauptmaschinen MAN 8L 40/45 mit je 4400 kW verleihen dem Schiff eine Geschwindigkeit von 21 kn. Je zwei Motoren wirken auf einen Verstellpropeller. Zwei Bugstrahlruder mit je 735 kW erhöhen die Manövrierfähigkeit. Um auch im Winter ständig verkehren zu können, wurden beim Bau der Fähre die Vorschriften der Eisklasse IA berücksichtigt.

Bis 1987 gehörte die VIKING SALLY zur Sally AB. Nachdem diese Reederei aus der Viking Line ausschied, wurde das Schiff bis 1990 an die schwedische AB Slite verchartert und fuhr weiter auf der Linie Turku–Stockholm. Im April 1979 kaufte EFFOA das Schiff, die es ab 1990 an Vaasanlaivat vercharterte. Als WASA KING verkehrt diese Auto- und Passagierfähre weiterhin zwischen Schweden und Finnland.

FINLANDIA/SILVIA REGINA

Auto- und Passagierfähre /
Flagge Finnland/Schweden /
Eigner EFFOA/Johnson Line /
Reeder Silja Line /
Baujahr 1980/81/
Bauwerft Oy Wärtsilä AB, Turku /
Länge über alles 166,1 m / Breite 28,4 m /
Tiefgang 6,7 m / Vermessung 25 678 BRT, 14070 NRT /
Tragfähigkeit 3 200 tdw /
Antriebsleistung 22 960 kW /
Geschwindigkeit 22 kn /
Kapazität 1044 Lademeter für 480 Pkw oder entsprechende Anzahl Lkw, 2000 Passagiere, davon 1 666 in Kabinen

Mit der am 31. März 1981 von Oy Wärtsilä AB, Turku, an

EFFOA abgelieferten FINLANDIA kam erstmals ein Schiff dieser Größe zwischen Schweden und Finnland zum Einsatz. Die FINLANDIA und das Schwesterschiff SILVIA REGINA, geliefert im Juni 1981, garantieren den Passagieren auf der Überfahrt zwischen Stockholm und Helsinki echte Kreuzfahrtatmosphäre. Mit ihren 25 678 BRT war die FINLANDIA bei ihrer Indienststellung das größte Fährschiff der Welt.

Den 2000 Passagieren stehen auf fünf vollklimatisierten Decks Serviceeinrichtungen mit über 1940 Plätzen zur Verfügung. Für 1666 Personen sind Schlafgelegenheiten in 330 Zweibett- und 307 Dreibettkabinen sowie in Kabinen für Körperbehinderte vorhanden. Die Besatzung von 168 Personen ist in 44 Einzel- und 60 Doppelkabinen untergebracht.

An Rettungseinrichtungen stehen acht Motorret-

Quelle: Sammlung Foerster

tungsboote mit je 150 Plätzen sowie 44 Rettungsinseln bereit. Auf dem Autodeck können 350 Pkw und auf den zusätzlichen Hängedecks 130 Pkw transportiert werden. Zur Beladung des Decks dienen zwei Heck- und eine Bugrampe.

Der Antrieb besteht aus vier Wärtsilä-Pielstick Dieselmotoren vom Typ 12 PC 2–5 V mit je 5737 kW bei 520 U/min, die über ein Untersetzungsgetriebe paarweise einen Verstellpropeller mit 170 U/min antreiben. Die Geschwindigkeit von 22 kn wird bei 85 % der Maschinenleistung erreicht. Zwei Bugstrahlruder mit je 883 kW, eine Flossenstabilisierungsanlage sowie eine Wasseraufbereitungsanlage gehören weiterhin zur Ausrüstung. Die FINLANDIA besitzt die finnische Eisklasse IA Super und kann fast bei jeder Eislage eingesetzt werden.

Nach etwa zwei Einsatzjahren wurde das Vorschiff umgebaut und erhielt die heutige Form. 1987 wurde die FINNLANDIA an DFDS Scandinavian Seaways verkauft, aber gleichzeitig für den Verkehr zwischen Stockholm und Helsinki bis 1990 gechartert, da erst 1990 mit einem Neubau zu rechnen ist. DFDS wird das Schiff zwischen Norwegen und Dänemark einsetzen.

KRONPRINSESSAN VICTORIA/PRINSESSAN BIRGITTA

Auto- und Passagierfähre /
Flagge Schweden /
Eigner, Reeder Rederi AB Göteborg-Frederikshavn-Linjen, später Stena Line /
Baujahr 1981 /
Bauwerft Götaverken-Arendal, Göteborg /
Länge über alles 150 m / Breite 26 m /
Tiefgang 6,1 m / Vermessung 14 378 BRT, 7859 NRT /

Tragfähigkeit 3 315 tdw /
Antriebsleistung 20 960 kW /
Geschwindigkeit 21 kn /
Kapazität 2 100 Passagiere, davon 616 in Kabinen, 700 Pkw oder 70 Lkw mit je 18 Lademeter

Am 10. April 1981 konnte das erste von zwei Schwesterschiffen von der Götaverken-Arendal Werft in Göte-

Quelle: Sammlung Foerster

124

borg an die Rederi AB Göteborg-Frederikshavn-Linjen (Tochterunternehmen der Sesanlinjen) übergeben werden. Die KRONPRINSESSAN VICTORIA kam auf der Linie Göteborg–Frederikshavn zum Einsatz. Die Jungfernreise fand am 13. April 1981 statt. Bis zum 6. April 1982 dauerte der Einsatz dort. Nachdem Stena Line diese Verbindung übernommen hatte und zeitweise unter dem Namen Stena-Sessan Line firmierte, wurden während des regulären Einsatzes Umbauten auf dem Schiff vorgenommen. Diese Umbauten beinhalteten den Einbau von 500 Zweibettkabinen in das obere Autodeck, so daß nach dem Umbau insgesamt 1300 Bettplätze vorhanden waren, aber nur noch 530 Pkw transportiert werden konnten.

Am 7. April 1982 wurde die VICTORIA unter der Flagge von Stena Line in Kiel seiner neuen Bestimmung übergeben. Sie fuhr regelmäßig als Nachtfähre die Verbindung Kiel–Göteborg. Auf dieser Verbindung verblieb das Schiff bis zum März 1988. Danach wurde die KRONPRINSESSAN VICTORIA bei HDW in Kiel für 15 Millionen DM umgebaut und modernisiert. Seit dem 16. Mai 1988 ist das Schiff als STENA SAGA auf der Linie Frederikshavn–Oslo im Einsatz.

Vier Nohab Wärtsilä-Vasa Dieselmotoren vom Typ 12 V 32 A mit je 5 240 kW treiben jeweils paarweise einen Verstellpropeller an und verleihen dem Schiff eine Geschwindigkeit von 20 kn. Das Autodeck kann durch eine Bug- und drei Heckklappen erreicht werden. Außerdem verfügt das Schiff über Stabilisatoren.

Das Schwesterschiff, welches als DROTTNING SILVIA vom Stapel lief, wurde im Dezember 1981 fertiggestellt, lag bis Juni 1982 auf und kam danach als PRINSESSAN BIRGITTA zwischen Schweden und Dänemark zum Einsatz. Ende 1982 wurde das Schiff an Hill Samuel Trading Ltd., London, verkauft und fährt heute als ST. NICOLAS für Sealink auf der Linie Harwich–Hoek van Holland.

LODBROG

Auto- und Passagierfähre /
Flagge Dänemark /
Eigner Mercandia Rederierne Per Henriksen, Kopenhagen /
Reeder Dänische Staatsbahnen (DSB) /
Baujahr 1982, Umbau 1988 /
Bauwerft Frederikshavn Værft A/S, Dan Yard A/S, Frederikshavn /
Länge über alles 131,7 m / Breite 19,38 m /
Tiefgang 4,65 m / Vermessung 4 366 BRT, 2 579 NRT /
Tragfähigkeit 2 440 tdw /
Antriebsleistung 3 600 kW /

Geschwindigkeit 16,5 kn /
Kapazität 400 Pkw oder 50 Lkw auf 2 Autodecks, 500 Passagiere

Bei der LODBROG handelt es sich um das 1982 gebaute Ro/Ro-Schiff MERCANDIAN PRAESIDENT. Um auf dem Großen Belt auch im Lkw-Transport konkurrenzfähig zu bleiben, entschlossen sich die DSB 1987 kurzfristig, zwei Ro/Ro-Schiffe für neun Jahre zu chartern und für den Einsatz umbauen zu lassen. Die Ablieferung der LODBROG fand im Juli 1988 statt. Die Schiffe LODBROG und KRAKA erhielten beim Umbau moderne Passagier-

Foto: Foerster

einrichtungen, wie ein Restaurant mit 142 Plätzen, eine Cafeteria mit 88 Plätzen sowie ein Lounge mit 263 Plätzen. Insgesamt kann das Schiff 500 Passagiere befördern. Außerdem wurden die Schiffe an der Steuerbordseite mit drei zusätzlichen Rampen im Bug- und Heckbereich ausgerüstet, um die vorhandenen Hafenanlagen nutzen zu können.

Nach kurzem Einsatz auf dem Großen Belt fährt die LODBROG seit Dezember 1988 als reine Passagier- und Autofähre auf der »Vogelfluglinie«. Für das neue Schiff mußte in Puttgarden ein neues »Eckfährbett« (ohne Gleisanschluß) gebaut werden, um die breitere Fähre abfertigen zu können. Da die LODBROG über kein Bugruder und keine achterne Brücke verfügt, kann sie nicht über längere Strecken rückwärts fahren und muß somit erst kurz vor den Fährbetten drehen. Um dies zu ermöglichen, mußten zwei Bugstrahlruder mit 662 kW bzw. 590 kW installiert werden. Die Hauptantriebsanlage besteht aus einem MAK-Dieselmotor vom Typ 12 M 453 AK mit 3600 kW.

TRELLEBORG

Eisenbahn-, Auto- und Passagierfähre /
Flagge Schweden /
Eigner, Reeder Schwedische Staatsbahnen (SJ) /
Baujahr 1982 /
Bauwerft Öresundsvarvet, Landskrona /
Länge über alles 170,1 m / Breite 23,8 m /
Tiefgang 5,8 m / Vermessung 10 882 BRT, 3626 NRT /
Tragfähigkeit 3800 tdw /
Antriebsleistung 17 600 kW /
Geschwindigkeit 21,5 kn /
Kapazität 5 Gleise mit 692 m Länge für 54 Güterwagen oder entsprechende D-Zug-Wagen bzw. Lkw/Pkw, 20 Lkw oder entsprechende Anzahl Pkw auf dem gesonderten Autodeck, 800 Passagiere, davon 50 in Kabinen

Anläßlich der Feierlichkeiten zum 70jährigen Bestehen der »Königslinie« im Jahre 1979 wurde durch die SJ bekanntgegeben, daß sie beabsichtigen, Anfang der 80er Jahre eine neue Personenhauptfähre einzusetzen. Am 10. Oktober 1979 bekam die Öresundsvarvet in Landskrona den Auftrag zum Bau der TRELLEBORG (II). Wie viele Schiffe, die auf dieser traditionellen Linie zum Einsatz kamen, setzte die TRELLEBORG neue Maßstäbe bei den kombinierten Eisenbahn-, Passagier- und Autofähren. Der Stapellauf fand am 19. Mai 1981 statt. Am 22. Juni 1982 konnte das Schiff verspätet in Dienst gestellt werden, da noch Ergänzungsarbeiten wegen ungenügender Stabilität ausgeführt werden mußten; u. a. wurde das Schiff von 22,5 auf 23,8 m verbreitert. Die Kapazität der »Königslinie« erhöhte sich durch den Einsatz des neuen Schiffes um 25 %.

Die auf dem Schiff vorhandenen Einrichtungen für die Fährgäste, wie Speisesaal, Cafeteria, Bar, Salons und Veranden, genügen den Ansprüchen im Reisekomfort. Konferenzräume und Kabinen mit Bettplätzen erhöhen das Serviceangebot. Die Antriebsleistung des Schiffes wird mit vier 8-Zylinder-Turbolader-Mitteldruck-Dieselmotoren, die über Untersetzungsgetriebe auf Verstellpropeller arbeiten, erzeugt. Durch eine Flossenstabilisierungsanlage erreicht man auch eine ruhige Fahrt bei stärkerem Seegang. Zur weiteren technischen Ausrüstung gehören zwei Bugstrahlruder mit je 1104 kW, zwei Heckruder sowie ein Bugruder.

Foto: Foerster

RAILSHIP II

Eisenbahnfracht- und Lkw/Trailerfähre /
Flagge BRD /
Eigner Railship-Gruppe (EFFOA, Schenker,
Gehrckens) /
Reeder H. M. Gehrckens GmbH & Co /
Baujahr 1984 /
Bauwerft Seebeckwerft AG, Bremerhaven /
Länge über alles 186,5 m / Breite 21,6 m /
Tiefgang 6,5 m / Vermessung 20 077 GT, 6214 NT /
Tragfähigkeit 9 890 tdw /
Antriebsleistung 16 000 kW /
Geschwindigkeit 20,5 kn/
Kapazität 1976 m Gleis auf 3 Decks, 741/777/458 m pro
Deck bei jeweils 5 Gleisen pro Deck für 95 Wagen (20 m
Länge) oder entsprechende Anzahl Lkw bzw. Trailer,
12 Passagiere

Nachdem 1983 insgesamt 391 000 t Güter durch RAILSHIP I
transportiert wurden, war eine Abdeckung des Transportbedarfs in dieser Relation künftig nur noch durch
ein zweites Schiff möglich. Am 19. November 1984 lieferte die Seebeckwerft die RAILSHIP II an den Auftraggeber ab. Das Schiff konnte am 29. November 1984 mit

Abfahrt ab Hanko in Dienst gestellt werden. Bei der
Fähre handelt es sich um einen etwas größeren und wei-
terentwickelten Nachbau von RAILSHIP I unter Beibehal-
tung der Konstruktionsprinzipien. Auch wurden alle
Wagendecks wetterdicht geschlossen. Die im Heckspie-
gel angeordnete Ein- und Ausfahrtsöffnung wird mit
einer sich nach oben öffnenden Heckklappe verschlos-
sen. Zwei Bugstrahlruder, in Verbindung mit den beiden Verstellpropellern, sorgen für gute Manövriereigenschaften im Hafen.

Um auch das Oberdeck für die Aufstellung von Pkw
nutzen zu können, wurden zwei Pkw-Davits von 2 t
Tragkraft neben dem Schornstein angeordnet, mit deren Hilfe die Pkw be- und entladen werden. Außer den
28 Mann Besatzung stehen für zwölf Passagiere Doppelkabinen an Bord zur Verfügung sowie mehrere Messen,
ein Hobbyraum, zwei Saunas und ein Freiluftschwimm-
bad. Die Hauptantriebsanlage bilden zwei 8 000-kW-
Dieselmotoren MAK 8 M 601.

1988 konnten mit beiden Schiffen 15 971 Güterwagen
mit 557 730 t Ladung transportiert werden, womit wieder die Kapazitätsgrenze erreicht wurde, so daß 1990
eine dritte Fähre den Dienst aufnehmen wird.

Foto: Kroehnert

MARIELLA

Auto- und Passagierfähre /
Flagge Finnland /
Eigner SF-Line /
Reeder Viking Line /
Baujahr 1985 /
Bauwerft Oy Wärtsilä AB, Turku /
Länge über alles 177 m / Breite 28,4 m /
Tiefgang 6,5 m / Vermessung 37 799 BRT, 23 644 NRT /
Tragfähigkeit 3 000 tdw /
Antriebsleistung 23 000 kW /
Geschwindigkeit 22 kn /
Kapazität 580 Pkw oder 62 Lkw zu je 18 Lademetern,
2 500 Passagiere, davon 2 387 in Kabinen

Die MARIELLA wurde am 17. Mai 1985 an die Viking Line abgeliefert. Seit dieser Zeit verkehrt das Schiff auf der Linie Stockholm–Helsinki. Die Überfahrtzeit beträgt dabei 15 Stunden. Nachdem die Silja Line 1980/81 mit den neuen Schiffen FINLANDIA und SILVIA REGINA auf der Verbindung Stockholm–Helsinki neue Maßstäbe setzte, sah sich die Viking Line gezwungen, auch den Standard auf ihren Schiffen zu erhöhen. Die MARIELLA

war mit ihren 37 799 BRT bis zur Indienststellung der ATHENA 1989 das größte Fährschiff der Welt. Sie entspricht in ihrer Innenausstattung dem Standard eines Kreuzfahrtschiffes. Obwohl nur 2 500 Passagiere befördert werden können, stehen insgesamt 2 658 Plätze in verschiedenen Einrichtungen, wie Sauna, Bar, Casino, Arkaden, Nachtclub, Pub, Konferenzräume, die auf insgesamt sieben Decks verteilt sind, zur Verfügung. Ein großer Supermarkt auf dem sechsten Deck ergänzt das Angebot. Kabinen stehen in verschiedenen Kategorien, von Suiten bis zu Vierbettkabinen, zur Verfügung.

Das Autodeck auf dem dritten Deck ist mit zusätzlichen Hängedecks über die gesamte Schiffslänge ausgerüstet. Es kann bei 4,6 m Höhe 62 Lkw oder bei 2 m bzw. 2,6 m Höhe 580 Pkw aufnehmen. Erreicht wird das Deck über zwei Heck- und eine Bugklappe.

Vier Wärtsilä SEMT Pielstick 12 PC 2–6 V zu je 5 750 kW treiben die MARIELLA an. Für eine 24-Stunden-Fahrt werden 72 t Brennstoff verbraucht. Verstellpropeller und zwei Bugstrahlruder zu je 1 100 kW sichern im Hafen eine gute Manövrierfähigkeit. Stabilisatoren sorgen auch bei bewegter See für eine ruhige Überfahrt.

Quelle: Werftfoto

PEDER PAARS

Auto- und Passagierfähre /
Flagge Dänemark /
Eigner, Reeder Dänische Staatsbahnen (DSB) /
Baujahr 1985 /
Bauwerft Nakskov Skibsværft, Nakskov /
Länge über alles 134 m / Breite 24,6 m /
Tiefgang 5,5 m / Vermessung 19 763 GT, 6 180 NT /
Tragfähigkeit 2 400 tdw /
Antriebsleistung 12 474 kW /
Geschwindigkeit 19 kn /
Kapazität Trailerdeck für 32 Lkw oder 179 Pkw, Pkw-
Deck für 152 Pkw, 2 000 Passagiere, davon 148 in Kabi-
nen

Im Rahmen der Umorganisierung ihrer Fährdienste
stellten die DSB 1985 die PEDER PAARS und 1986 das
Schwesterschiff, die NIELS KLIM, in Dienst. Jedes Schiff
kostete ca. 450 Millionen Dänische Kronen. Sie sind die
zur Zeit modernsten Fähren der DSB und setzten auf
der Linie Kalundborg–Aarhus neue Maßstäbe. 1989
verdichteten sich Gerüchte, daß beide Schiffe im Rahmen eines Sparprogramms an die Schwedische Stena
Line verkauft und durch kleinere Schiffe ersetzt werden
sollen. Hintergrund ist die geplante feste Verbindung
über den Großen Belt 1993.

Für die etwa dreistündige Überfahrt stehen den Passagieren vielfältige Einrichtungen zur Verfügung, wie
Restaurants, Cafés, Videoräume, Spielzimmer, Büche-
reien, Kioske sowie Konferenzräume.

Die Kraftfahrzeuge werden auf zwei Decks transportiert (Höhe unteres Deck 4,5 m, Höhe oberes Deck
2,6 m). Das untere Deck wird über Bug- und Heckklappen befahren. Auf das obere Deck gelangen die Pkw
über bewegliche Rampen im Schiff. Die Maschinenanlage besteht aus zwei MAN B & W Dieselmotoren vom
Typ 8L 45 GB mit je 6 237 kW, welche je einen Verstellpropeller von 4,1 m Durchmesser antreiben. Des weiteren wurden beide Schiffe mit zwei Querschubrudern von
je 1 500 kW vorn und einem Querschubruder mit
1 500 kW hinten ausgerüstet.

Quelle: Sammlung
Foerster

SVEA/WELLAMO

Auto- und Passagierfähre /
Flagge Schweden/Finnland /
Eigner Johnsen Line/EFFOA /

Reeder Silja Line /
Baujahr 1985/86 /
Bauwerft Wärtsilä Marine, Turku /

Länge über alles 168 m / Breite 27,6 m /
Tiefgang 6,5 m / Vermessung 33 830 GT, 17 570 NT /
Tragfähigkeit 3 019 tdw / Antriebsleistung 21 600 kW /
Geschwindigkeit 22 kn /
Kapazität 1 200 Lademeter für 400 Pkw oder entsprechende Anzahl Trailer, 2 000 Passagiere, davon 1 625 in Kabinen

Nachdem die Silja Line bereits 1980/81 auf der Hauptstrecke Stockholm–Helsinki neue Schiffe einsetzte, kamen mit der SVEA und der WELLAMO Mitte der 80er Jahre auch auf der Linie Stockholm–Marienhamn–Turku neue und moderne Schiffe in Fahrt. Die SVEA und auch das Schwesterschiff bieten denselben hohen Standard, wie die auf der Linie Stockholm–Helsinki eingesetzten Schiffe.

Die SVEA wurde von der Wärtsilä Werft in Turku am 7. Mai 1985 an den Eigner Johnson Line AB, Stockholm, abgeliefert. Für insgesamt 2 000 Passagiere ausgelegt, verfügt das Schiff über 1 625 Kabinenplätze unterschiedlicher Kategorien, die aber alle über Dusche und WC verfügen. Der gesamte Passagierbereich ist vollklimatisiert und erstreckt sich über fünf Decks. In den Gesellschafts- und Konferenzräumen stehen 2 230 Sitzplätze zur Verfügung. Die vorhandenen Rettungseinrichtungen (vier Motorrettungsboote für je 143 Personen und 72 Rettungsinseln für je 25 Personen) bieten insgesamt für 2 372 Menschen Platz.

Das Autodeck mit einer Höhe von 4,9 m kann durch zusätzliche Hängedecks weitere Pkw aufnehmen, so daß insgesamt 1 200 Lademeter zur Aufstellung von Autos vorhanden sind. Außerdem wurde auf dem vierten Deck eine zusätzliche Privatgarage vorgesehen, die durch Seitenpforten erreicht wird. Das eigentliche Autodeck kann durch eine Bugklappe und zwei Heckklappen befahren werden. Zur weiteren Ausrüstung gehören zwei Bugstrahlruder mit je 1 320 kW und ein Heckstrahlruder mit 880 kW sowie eine Flossenstabilisierungsanlage. Bei einer Antriebsleistung von 21 600 kW erreicht die SVEA eine Geschwindigkeit von 22 kn.

Quelle Sammlung Foerster

KARL CARSTENS

Eisenbahn-, Auto- und Passagierfähre /
Flagge BRD /
Eigner, Reeder Deutsche Bundesbahn (DB) /
Baujahr 1986 /
Bauwerft Howaldtswerke Deutsche Werft AG, Kiel /
Länge über alles 164,7 m / Breite 17,7 m /
Tiefgang 5,9 m / Vermessung 12 830 GT, 3860 NT /
Tragfähigkeit 2 030 tdw / Antriebsleistung 9 500 kW /
Geschwindigkeit 18,1 kn /
Kapazität 3 Gleise mit 405 m Gleislänge für max. 14 D-
Zug-Wagen oder entsprechende Anzahl Pkw, Lkw,
167 Pkw auf gesondertem Deck, 1 500 Passagiere, keine
in Kabinen

1986 ersetzte die DB mit der KARL CARSTENS die 30 Jahre
alte THEODOR HEUSS. Das neue Flaggschiff der Bundesbahn ist das größte Fährschiff, was je auf der »Vogelfluglinie« zum Einsatz kam. Mit der Größe des Schiffes
wurden die Grenzen der Häfen in Puttgarden und Rødbyhavn erreicht, so daß eine weitere Kapazitätssteigerung nur durch Fähren mit vier Gleisen nebeneinander
und damit durch den Bau neuer Hafenanlagen zu erreichen wäre.

Die KARL CARSTENS verfügt über ein dreigleisiges Eisenbahndeck, welches außer Wagen Trailer, Lkw,
Busse sowie Ladungen mit gefährlichen Gütern aufnehmen kann. Das darüberliegende Autodeck ist Pkw und
Motorrädern vorbehalten.

Im Fahrgastdeck befinden sich fast alle Einrichtungen
für die Passagiere, wie Restaurant à la carte, Bufett-Re-
staurant, Information, Bank, Shop sowie ein Supermarkt. Die im Bootsdeck liegenden Konferenzräume
mit 24 Plätzen vervollkommnen den Service. Fahrstühle
erleichtern auch Körperbehinderten die Bewegung auf
dem Schiff. Von den 135 Mann Besatzung sind über 100
im Servicebereich tätig.

Die KARL CARSTENS verfügt über Bug- und Heckklappe mit 4,7 m Breite × 5 m Höhe bzw. 9 m Breite ×
5,1 m Höhe. Die Bug- und Heckklappe sowie vier Fahr-
gast- und vier Autoporten erlauben eine reibungslose
und schnelle Be- und Entladung in den Häfen, so daß die
Hafenliegezeit nur 35 bis 40 Minuten beträgt.

Zum guten Manövrieren wurden am Heck zwei Halb-
schweberuder mit je 12,5 m² und ein Bugruder mit 21 m²
vorgesehen sowie zusätzlich eine Schottel-Querschub-
anlage in Bug (1 600 kW) und Heck (750 kW) angeord-

Foto: N. Pilz

net. Um die Schiffsbewegungen bei Seegang in Grenzen zu halten, kommt eine Intering-Krängungsausgleichsanlage für zwei Tankpaare zum Einsatz.

Wie fast alle Schiffe auf der »Vogelfluglinie« besitzt die KARL CARSTENS zwei Kommandobrücken für die Fahrt über Bug und Heck. Angetrieben wird das Fährschiff diesel-elektrisch über zwei sechsflüglige Festpropeller (Durchmesser 3,5 m). Aus Gründen des Umweltschutzes wurden zwei Abwasseraufbereitungsanlagen für je 900 Personen eingebaut.

Die Fähre verfügt über eine um 60 % höhere Ladekapazität als die THEODOR HEUSS. Damit können die durch das Dan Link Projekt erheblich angestiegenen Transporte bewältigt werden.

MUKRAN

Eisenbahnfrachtfähre /
Flagge DDR /
Eigner, Reeder Deutfracht/Seereederei, Rostock /
Baujahr 1986 /
Bauwerft Mathias-Thesen-Werft, Wismar /
Länge über alles 190,9 m / Breite 26,7 m /
Tiefgang 7,18 m / Vermessung 21 800 GT, 6 567 NT /
Tragfähigkeit 11 900 tdw /
Antriebsleistung 10 600 kW /
Geschwindigkeit 17 kn /
Kapazität 1 524 m Breitspurgleis auf 2 Decks, 794/730 m pro Deck bei jeweils 5 Gleisen pro Deck für 103 Wagen mit 14,7 m Länge

Bei der MUKRAN handelt es sich um das Typschiff einer Serie von fünf Eisenbahngüterfähren, die seit 1986 von der Mathias-Thesen-Werft in Wismar für die am 2. Oktober 1986 eröffnete Fährverbindung Mukran–Klaipeda gebaut wurde. Der Stapellauf fand am 27. August 1985 statt. Genau ein Jahr später konnte die MUKRAN in Dienst gestellt werden.

Es ist die zur Zeit größte Zweideck-Eisenbahnfähre der Welt. Die Be- und Entladung der beiden Decks wird über eine Zweietagenfährbrücke in den Häfen vorgenommen. Man entschied sich für dieses System, um aufwendige Liftanlagen auf den Schiffen zu vermeiden und gleichzeitig eine extrem kurze Hafenliegezeit von vier Stunden zu erreichen.

Auf dem wetterdicht verschlossenen Hauptdeck finden 49 Breitspurwagen Platz, während auf das zum großen Teil freie Überdeck 54 Wagen gefahren werden können. Der Antrieb der Zweideckfähre erfolgt mit vier Viertaktmotoren des Typs 6VDS 48/52 AL-2. Je zwei dieser mittelschnellaufenden Dieselmotoren treiben über elastische Schaltkupplungen und über ein Sammeluntersetzungsgetriebe mit angehängtem Wellengenerator eine Welle mit Verstellpropeller an. Zwei Bugstrahlruder und ein Heckstrahlruder sichern eine gute

Foto: Foerster

Manövrierfähigkeit. Eine Krängungsausgleichsanlage gestattet auch bei unterschiedlichen Wasserständen eine wirksame Stabilität.

Alle bisher gebauten Schiffe unterscheiden sich nur geringfügig (z. B. haben die Fähren von der GREIFSWALD an eine geschlossene Brückennock, und die sowjetischen Fähren besitzen teilweise eine höhere zulässige Decksbelastung).

Die Schiffe wurden wie folgt abgeliefert: KLAIPEDA 1987, VILNIUS 1987, GREIFSWALD 1988 und KAUNAS 1989.

OLYMPIA

Auto- und Passagierfähre /
Flagge Schweden /
Eigner Rederi AB, Slite /
Reeder Viking Line /
Baujahr 1986 /
Bauwerft Oy Wärtsilä AB, Turku /
Länge über alles 177 m / Breite 28,4 m /
Tiefgang 6,5 m / Vermessung 37 583 BRT, 23 644 NRT /
Tragfähigkeit 3 000 tdw /
Antriebsleistung 23 000 kW /
Geschwindigkeit 22 kn /
Kapazität 580 Pkw oder 62 Lkw zu je 18 Lademetern, 2 500 Passagiere, davon 2 447 in Kabinen

Nach der MARIELLA kam mit der OLYMPIA am 29. April 1986 das Schwesterschiff auf der Linie Stockholm–Helsinki in Dienst. Der Neubau kostete rund 450 Millionen, Finnmark.

Den Passagieren stehen für die Nachtüberfahrt über 2 400 Betten in 840 Kabinen unterschiedlicher Ausstattung zur Verfügung. Alle Kabinen sind mit Dusche und WC ausgestattet. Die Restaurants, Bars und andere Gesellschaftsräume bieten insgesamt 2 000 Sitzplätze. Saunas, Sporträume und ein Schwimmbad ergänzen das Angebot und zeigen, daß auch dieses Fährschiff Kreuzfahrtniveau besitzt. Wie auch die MARIELLA verfügt die OLYMPIA über eine Abwasserbehandlungsanlage. Das gesamte verbrauchte Wasser wird aufgefangen, chemisch und biologisch gereinigt und geklärt. Feste Bestandteile werden zusammen mit anderem Müll verpreßt und im Hafen an Land gegeben.

Die Brücke ist mit den allermodernsten Navigations- und Überwachungsanlagen ausgerüstet. Außerdem sind hier alle Kommando- und Kontrollgeräte installiert, die es erlauben, alle Haupt- und Hilfsmaschinen von der Brücke aus zu fahren. In allen anderen technischen Parametern entspricht die Auto- und Passagierfähre denen der MARIELLA.

Quelle: Sammlung Foerster

ÖRESUND

Eisenbahnfracht- und Lkw/Trailerfähre /
Flagge Schweden /
Eigner, Reeder Schwedische Staatsbahnen (SJ) /
Baujahr 1986 /
Bauwerft Mass Frederikstad Verft, Moss /
Länge über alles 186,0 m / Breite 23,1 m /
Tiefgang 5,5 m / Vermessung 16 925 BRT, 5 077 NRT /
Tragfähigkeit 6 300 tdw /
Antriebsleistung 13 200 kW /
Geschwindigkeit 15 kn /
Kapazität 5 Gleise mit 817 m Länge für max. 55 Wagen mit je 14 m Länge, 36 Trailer auf gesondertem Autodeck

Für die neue Eisenbahngüterfährverbindung Kopenhagen–Helsingborg im Rahmen der DanLink-Verbindung, welche paritätisch von den DSB und den SJ betrieben wird, bestellten die SJ 1985 einen Neubau für

225 Millionen Schwedenkronen in Norwegen. Die ÖRESUND wurde rechtzeitig zur Eröffnung der Linie abgeliefert. Für die Überfahrt von 40 km benötigt sie nur eine Stunde und 50 Minuten. Die ÖRESUND ist eine reine Güterfähre mit einem Deck für Wagen und Lkw. Das fünfgleisige Eisenbahndeck kann nur über eine Bugklappe befahren werden und ist im hinteren Teil offen, um dort gefährliche Güter transportieren zu können. Das über dem Eisenbahndeck liegende Lkw-Deck wird über Seitenpforten befahren.

Die Be- und Entladezeit beträgt nur 35 Minuten, so daß die ÖRESUND fünf Rundreisen täglich unternehmen kann. Der Hauptantrieb besteht aus vier 6-Zylinder-MAN-BMW-Dieselmotoren mit je 3 300 kW, wobei jeweils zwei Motoren über ein Untersetzungsgetriebe auf einen Verstellpropeller wirken. Zum besseren Manövrieren erhielt die ÖRESUND zwei Querschubruder vorn und eins achtern sowie zwei Kommandobrücken.

Foto: Foerster

PETER PAN

Auto- und Passagierfähre /
Flagge Bundesrepublik Deutschland /
Eigner, Reeder TT-Line GmbH & Co., Hamburg /
Baujahr 1986 /
Bauwerft Seebeckwerft AG, Bremerhaven /
Länge über alles 161 m / Breite 27,6 m /
Tiefgang 6,2 m / Vermessung 31 360 GT, 16 200 NT /
Tragfähigkeit 4 160 tdw /

Antriebsleistung 19 600 kW /
Geschwindigkeit 21 kn /
Kapazität 550 Pkw oder 120 Lkw auf 2 Autodecks, 1 800 Passagiere, davon 1 322 in Kabinen

Die positive Verkehrsentwicklung auf der Linie Travemünde–Trelleborg, aber auch die seit 1982 durch die Nordö Link entstandene Konkurrenz im Verkehr nach

Südschweden, veranlaßten die TT-Line, zwei neue Jumbo-Fährschiffe bauen zu lassen. Nachdem die PETER PAN am 30. November 1985 vom Stapel gelaufen war, konnte sie bereits am 30. Mai 1986 abgeliefert werden.

Die PETER PAN genügt höchsten Ansprüchen an Komfort, und sie bestimmt das Niveau in der Ostseefährschiffahrt mit. Die Aufteilung des Schiffes entspricht modernsten Erkenntnissen des Passagierschiffbaus: Getrennter Hoteltrakt im ruhigen Vorschiff sowie alle Aufenthalts- und Serviceräume im hinteren Schiffsbereich. Sämtliche Kabinen verfügen über Dusche und WC. Für eine preiswerte Überfahrt stehen 200 Pullman-Sessel zur Verfügung. Über drei Decks im Achterschiff verteilen sich à la carte-Restaurant, Grillstube, Bufettrestaurant, SB-Cafeteria, Salon, Bar, Lounge mit Sitzplätzen für 1 800 Personen. Weiterhin sind hier Video-Kino, Supermarkt, Boutique, Kinderspielzimmer, Saunas und ein Swimmingpool untergebracht. Das Konferenzcenter bietet ingesamt 260 Personen Platz.

Das doppelte Lkw-Deck ist besonders imposant ausgelegt. Hier können auf 1 400 laufenden Lkw-Metern bis zu 120 Lkw/Trailer oder 550 Pkw befördert werden. Die Be- und Entladung wird über zwei Heck- und eine Bugklappe und durch schiffsinterne Rampen für das obere Lkw-Deck vorgenommen.

Für eine Reisegeschwindigkeit von 20 kn sorgen vier MAK 8 M 552 Dieselmotoren mit je 4 900 kW, für eine ruhige Überfahrt eingebaute Stabilisatoren.

(Abbildung auf S. 6)

FINNSAILOR

Lkw/Trailerfähre /
Flagge Finnland /
Eigner Finnlines, Neste Oy /
Reeder Finncarrier /
Baujahr 1987 /
Bauwerft Leninwerft, Gdansk /
Länge über alles 157,6 m / Breite 25,3 m /
Tiefgang 7,1 m / Vermessung 19 919 GT, 5 976 NT /
Tragfähigkeit 8 842 tdw /
Antriebsleistung 15 360 kW /
Geschwindigkeit 20 kn /
Kapazität Lkw/Trailer auf insgesamt 2 100 Lademetern und 144 Container, 18 Lkw-Fahrer

Als erstes von drei Schwesterschiffen konnte die FINNSAILOR am 21. Oktober 1987 von der Leninwerft an den Auftraggeber abgeliefert werden. Zwei Schiffe wurden auf finnische Rechnung gebaut, während das letzte Schiff 1990 für die bundesdeutsche Poseidon Schiffahrtsgesellschaft geliefert wurde. Mit diesen drei neuen Schiffen, die die Häfen Travemünde und Helsinki/Kotka anlaufen, konnte die Flotte der Finncarrier/Poseidon in der Ostsee modernisiert werden.

Die FINNSAILOR verfügt über drei geschützte Ladedecks und ein Wetterdeck. Auf dem Wetterdeck werden nur Container geladen, während die übrigen drei Decks für rollende Ladung ausgelegt sind. Die Höhe der

Quelle: Sammlung Foerster

Decks beträgt 4,7 m. Die Decksbelastung ist für eine zulässige Achslast von 20 t ausgelegt. Die Beladung des Schiffes wird über eine Heckrampe im Hauptdeck vorgenommen. Die Verteilung auf die anderen Decks geschieht über innenliegende Rampen.

Die Besatzung, bestehend aus 20 Personen, ist in Einmannkammern untergebracht. Die beiden Hauptmaschinen vom Typ Sulzer 12 ZAV 40 mit je 7680 kW treiben je einen Verstellpropeller mit einem Durchmesser von 4,2 m mit 132 U/min an. Ein Bugstrahlruder mit 1200 kW erhöht die Manövrierfähigkeit. Das nach den Vorschriften von DNV gebaute Schiff verfügt über die Klasse Ice 1 A$^+$, was auch den Einsatz bei stärkeren Eisgang zuläßt.

KRONPRINS HARALD

Passagier- und Autofähre /
Flagge Norwegen /
Eigner, Reeder Jahre Line /
Baujahr 1987 /
Bauwerft Wärtsilä Marine AB, Turku /
Länge über alles 166,3 m / Breite 28,4 m /
Tiefgang 6,5 m / Vermessung 31 122 GT, 17 126 NT /
Tragfähigkeit 4 500 tdw /
Antriebsleistung 19 800 kW /
Geschwindigkeit 21,5 kn /
Kapazität 1 481 Passagiere, davon 1 440 in Kabinen, 583 Pkw oder entsprechende Anzahl Lkw

Die norwegische Reederei Jahre Line unterhält kombinierten Passagier- und Autofährdienst zwischen Kiel und Oslo. Da sich diese Verbindung steigender Beliebtheit erfreute, kamen schon mehrere Fährschiffsgenerationen zum Einsatz. Das neueste Schiff, welches Jahre Line zwischen Kiel und Oslo einsetzt, ist die 1987 gebaute KRONPRINS HARALD. Es handelt sich dabei um das dritte Schiff mit diesem Namen auf dieser Verbindung. Die finnische Wärtsilä Marine AB konnte sich den Bauauftrag gegen harte Konkurrenz sichern, denn bisher wurden alle Schiffe dieser Linie in der Bundesrepublik Deutschland gebaut.

Die KRONPRINS HARALD wurde am 19. März 1987 geliefert und befährt seit diesem Zeitpunkt die Strecke Kiel – Oslo, die sie in 19 Stunden bewältigt. Den Passagieren, die noch nach Klassen befördert werden, stehen insgesamt 1 440 Kabinenplätze zur Verfügung, die alle über Dusche und WC verfügen. Die KRONPRINS HARALD ist mit zwei Heckrampen, Bugpforte mit Rampe, Bugstrahlruder sowie Stabilisatoren ausgestattet. Das Einkaufszentrum bietet auf einer Fläche von über 300 m^2 ein großes Angebot. Vier Aufzüge und Treppenaufgänge im Vorschiff sowie Aufzüge im Achterschiff führen zu den Kabinen und Aufenthaltsräumen sowie zu den Autodecks. Das obere Autodeck, welches über Seitenpforten befahren wird, bietet 283 Pkw Platz, das Hauptdeck kann 300 Pkw aufnehmen. Der Hauptantrieb besteht aus zwei Wärtsilä Sulzer 12 ZAV 40 mit je 6 000 kW sowie zwei Wärtsilä Sulzer 6 AZL 40 mit je 3 300 kW, die über Reduziergetriebe zwei Verstellpropeller antreiben.

Durch den Einsatz des neuen Schiffes erhöhte sich die tägliche Transportkapazität auf dieser Linie um 32 % bei den Passagieren und um 16 % bei den Pkw und Lkw.

Foto: Foerster

NILS HOLGERSSON

Auto- und Passagierfähre /
Flagge Schweden /
Eigner, AB Swedcarrier, Stockholm /
Reeder TT-Line /
Baujahr 1987 /
Bauwerft Seebeckwerft AG, Bremerhaven /
Länge über alles 161 m / Breite 27,6 m /
Tiefgang 6,2 m / Vermessung 31 360 GT, 16 200 NT /
Tragfähigkeit 4 110 tdw /
Antriebsleistung 19 660 kW /
Geschwindigkeit 21 kn /
Kapazität 550 Pkw oder 120 Lkw auf 2 Autodecks,
1 600 Passagiere, davon 1 322 in Kabinen

Nach der PETR PAN konnte die NILS HOLGERSSON am 20. Februar 1987 den Verkehr zwischen Travemünde und Trelleborg aufnehmen. Es handelt sich um ein Schwesterschiff der PETER PAN mit den gleichen technischen Parametern.

Mit der Indienststellung der NILS HOLGERSSON bietet die TT-Line wieder zwei in Größe und Ausrüstung übereinstimmende Schiffe an. Das bedeutet, daß allen Passagieren gleicher Komfort, Service und Kabinenstandard geboten werden kann, egal mit welchem Schiff sie reisen. Beide Neubauten sorgten für ein starkes Anwachsen des Verkehrs, so daß es Pläne gibt, beide Schiffe verlängern zu lassen.

Quelle: Sammlung
Foerster

STENA GERMANICA/STENA SCANDINAVICA

Passagier- und Autofähre /
Flagge Schweden /
Eigner, Reeder Stena Line /
Baujahr 1987/88 /
Bauwerft Pariser Kommune, Gdynia, Leninwerft
Gdansk /
Länge über alles 175,5 m / Breite 28,5 m /

Tiefgang 6,5 m / Vermessung 26 071 BRT, 14 815 NRT /
Tragfähigkeit 4 500 tdw / Antriebsleistung 33 098 kW /
Geschwindigkeit 21,5 kn /
Kapazität 700 Pkw oder entsprechende Anzahl Lkw
oder Trailer, 2 500 Passagiere, davon 2 204 in Kabinen

Foto: Foerster

Ende der 70er Jahre vergab die Stena Line den Auftrag zum Bau von vier Jumbo-Fähren an Polen. Zwei Schiffe sollten als Nachtfähre, mit viel Kabinenplätzen ausgerüstet, zwischen Kiel und Göteborg laufen, während der Einsatz der anderen beiden Schiffe noch offen war. Bedingt durch die politischen und wirtschaftlichen Umstände in Polen wurden nur zwei Schiffe mit jahrelanger Verspätung im Rohbau fertiggestellt. Die Endausrüstung mußte in Schweden vorgenommen werden. Auf die Realisierung der anderen beiden Schiffe verzichtete die Reederei bereits 1986.

Die Stena Germanica wurde 1987 von der Werft Pariser Kommune in Gdynia und die Stena Scandinavica 1988 von der Leninwerft in Gdansk geliefert. Bis zur verspäteten Indienststellung der neuen Schiffe mußte sich die Reederei mit kleineren Schiffen behelfen.

Die Ausstattung beider Schiffe ist auf hohen Komfort ausgerichtet. Alle Kabinen haben Klimaanlage, Dusche und WC.

Einige Kabinen wurden für Behinderte ausgelegt. Weiterhin gibt es zwei große Restaurants, Nachtklub, Pianobar, Kino, Spielkasino, Konferenzraum, Duty-free-Einkaufszentrum sowie ein Kinderspielzimmer. Die Kabinenkapazität beträgt 2200 Betten in 630 Kabinen. Das Autodeck bietet Platz für 700 Pkw. Das untere Autodeck wird durch eine Bug- und zwei Heckrampen befahren, das obere Autodeck durch zwei steuerbord angeordnete Seitenpforten. Beide Decks besitzen noch zusätzliche Hängedecks. Nachträglich wurden im oberen Autodeck weitere Kabinen eingebaut, so daß in diesen Bereichen die Hängedecks entfielen. Die Hauptantriebsanlage besteht aus vier Zgoda-Sulzer Dieselmotoren vom Typ 16 ZV 40/48 mit zusammen 33 098 kW, die der Stena Scandinavica eine maximale Geschwindigkeit von 23 kn verleihen. Der Treibstoffverbrauch liegt bei ca. 8000 Liter auf 100 km. Je zwei Motoren treiben einen Verstellpropeller mit 135 U/min an. Für eine ruhige Fahrt sorgt eine Gyro-Flossenstabilisierungsanlage. Zwei Bugstrahlruder mit jeweils 1100 kW unterstützen die Manöver des Schiffes im Hafen.

JAN SNIADECKI

Eisenbahn- und Lkw/Trailerfähre /
Flagge Polen
Eigner, Reeder Polish Ocean Lines, POL /
Baujahr 1988 /

Bauwerft Falkenberg Varv AB/Götaverken-Arendal Ab, Göteborg /
Länge über alles 155 m / Breite 21,6 m /
Tiefgang 5,1 m / Vermessung 14 417 GT, 4325 NT /

Tragfähigkeit 5 149 tdw /
Antriebsleistung 11 840 kW /
Geschwindigkeit 17 kn /
Kapazität 5 Gleise mit 615 m Länge für 40 bis 60 Güter-
wagen, Lkw-/Trailerdeck mit 560 Lademeter, 50 Passa-
giere (Lkw-Fahrer in Kabinen)

Um den ständig ansteigenden Güterverkehr auf der Ei-
senbahnfrachtfährverbindung Ystad – Swinoujscie bewältigen zu können, vergab Polen den Auftrag zum Bau
einer kombinierten Eisenbahn-Trailerfähre nach
Schweden. Im April 1988 konnte die erste polnische 5-
Gleisfähre in Dienst gestellt werden. Da die Fährbetten
in den Endhäfen nur für die bisherige Schiffsbreite von
17,2 ausgelegt sind, mußte das Heck unsymmetrisch
ausgebildet werden.

Die Beladung der Fähre mit Eisenbahnwagen wird
nur über das Heck vorgenommen. Das darüberliegende
Lkw-Deck kann mit einer landseitigen Brücke ebenfalls

von achtern bedient werden. Die Schienen auf dem Eisenbahndeck wurden versenkt angeordnet, um auch
hier im Bedarfsfall Autos transportieren zu können. Der
Antrieb erfolgt durch vier Dieselmotoren Zgoda-Sulzer, Typ 6 ZL 40 mit je 2 960 kW, wobei diese paarweise
je einen Verstellpropeller antreiben. Eine Stabilisie-
rungs- und Gegenkrängungsanlage gewährleistet ein si-
cheres Be- und Entladen der Güterwagen sowie deren
Transport bei schlechten Witterungsbedingungen. Zur
Unterstützung der An- und Ablegemanöver besitzt die
JAN SNIADECKI noch zwei Bugstrahlruder mit je 750 kW.

Für die maximal 50 Passagiere stehen Kabinen, Ruhe-
räume, Restaurants sowie Einkaufsshops zur Verfügung. Die Fähre wurde langfristig von den Polnischen
Staatsbahnen (PKP) gechartert. Pro Jahr kann die JAN
SNIADECKI ca. 500 000 t Güter in Eisenbahnwagen und
170 000 t in Lkw oder Trailern befördern, was der Kapazität der beiden bereits eingesetzten älteren Fähren entspricht.

Foto: Foerster

NILS DACKE/ROBIN HOOD

Eisenbahn-, Auto- und Passagierfähre /
Flagge Schweden/Bundesrepublik Deutschland /
Eigner, AB Swedcarrier/TT-Line /
Reeder TT-Line /
Baujahr 1988/89 /
Bauwerft Schichau Seebeckwerft AG, Bremerhaven /
Länge über alles 177,2 m / Breite 25,8 m /
Tiefgang 6,1 m / Vermessung 24 728 GT, 11 937 NT /
Tragfähigkeit 8 800 tdw /
Antriebsleistung 14 800 kW /

Geschwindigkeit 20 kn /
Kapazität 6 Gleise mit 910 m Gleis für 75 Güterwagen,
100 Lkw oder 500 Pkw auf 1 480 Lademeter in 2 Autodecks, 300 Passagiere, davon 280 in Kabinen

Nachdem die TT-Line 1986/87 neue Tonnage im Passagierbereich einsetzte, kamen mit der NILS DACKE am
31. Oktober 1988 und der ROBIN HOOD am 27. Januar
1989 zwei moderne Kombifähren in Dienst, die eine
große Frachtkapazität haben. Es sind die zur Zeit größ-

Foto: Foerster

ten kombinierten Eisenbahn-, Passagier- und Autofähren der Welt.

Mit diesen neuen Schiffen wurden erstmals sechsgleisige Eisenbahnfährschiffe auf der Ostsee zum Einsatz gebracht. Allerdings können Wagen auf der Relation Trelleborg–Travemünde erst ab 1991 befördert werden, dann soll in Travemünde der Fähranleger 8 und in Trelleborg ein neues Fährbett entstanden sein. Die Frachtkapazität der NILS DACKE und der ROBIN HOOD liegt um 50 % höher als es bei den alten Schiffen der Fall war.

Das Be- und Entladen von Pkw, Lkw und Trailern erfolgt nur über eine Heckrampe und über achterne Seitenpforten. Für den Verkehr der drei Ladedecks unter-

einander sind im Schiff drei Rampen vorgesehen. Für das Beladen mit Wagen kann die Heckklappe nach oben geöffnet werden.

Der Passagierbereich im Vorschiff erstreckt sich über sechs Decks. Hier stehen für 300 Passagiere 122 Kabinen zur Verfügung sowie Restaurants, Bars, Konferenzräume und eine Sauna. Es wird ein gleicher Standard wie auf den Passagierfähren PETER PAN und NILS HOLGERSSON geboten.

Der Hauptantrieb besteht aus vier nicht umsteuerbaren Viertakt-Dieselmotoren MAN B & W vom Typ 40/45, wobei jeweils zwei Motoren auf eine Welle arbeiten und einen Verstellpropeller antreiben.

LANGELAND

Passagier- und Autofähre /
Flagge Dänemark /
Eigner, Reeder Langeland-Kiel Linien /
Baujahr 1989 /
Bauwerft Svendborg Skibsværft A/S, Svendborg /
Länge über alles 90 m / Breite 18,4 m /
Tiefgang 3,8 m / Vermessung 4000 GT /
Tragfähigkeit 800 tdw /
Antriebsleistung 4000 kW /
Geschwindigkeit 16 kn /
Kapazität 140 Pkw oder entsprechende Lkw, 1 100 Passagiere

Am 1. Mai 1965 eröffnete die Langeland-Kiel Linie einen Passagier- und Autofährdienst auf der Linie Kiel–Bagenkop mit der LANGELAND (1). Zwölf Jahre später kam die LANGELAND (2) in Dienst, um den ständig wachsenden Verkehr zu bewältigen. Mit der am 5. April 1989 in Dienst gestellten LANGELAND (3) kommt die bisher größte Fähre auf dieser Verbindung zum Einsatz, so daß sich die Tageskapazität fast verdoppelte. Das Schiff kann auf zwei Decks 1 100 Passagiere aufnehmen und besitzt Stellplätze für 140 Pkw oder entsprechende Lkw. Den Passagieren bietet die LANGELAND (3) in vier großen Salons und auf zwei Sonnendecks ausreichend Platz so-

wie ein großes Angebot im Supermarkt. Auch für Konferenzen und andere Veranstaltungen ist das Schiff eingerichtet.

Das Autodeck kann durch zwei Heckpforten und eine Bugklappe befahren werden. Zur Aufnahme zusätzlicher Pkw wurden Hängedecks installiert.

Angetrieben wird die LANGELAND (3) durch zwei MAK-Dieselmotoren von je 2000 kW, die je einen Verstellpropeller antreiben. Die 32 sm lange Strecke zwischen Kiel und Bagenkop legt das Schiff bei 16 kn in reichlich 2,5 Stunden zurück. Täglich werden 2 Rundreisen angeboten, im Juli und an den Wochenden sogar 3.

SASSNITZ

Eisenbahn-, Auto- und Passagierfähre / Flagge DDR /
Eigner, Reeder Deutsche Reichsbahn (DR) /
Baujahr 1989 /
Bauwerft Danyard A/S, Aalborg, Frederikshavn /
Länge über alles 171 m / Breite 24,0 m /
Tiefgang 5,9 m / Vermessung 20276 GT /
Tragfähigkeit 5000 tdw / Antriebsleistung 18000 kW /
Geschwindigkeit 20 kn /
Kapazität 5 Gleise mit 711 m für 56 Güterwagen oder 23 D-Zug-Wagen oder entsprechende Anzahl Lkw/Pkw, für Pkw im Eisenbahndeck gesonderte Hängedecks, 24 Lkw oder 140 Pkw auf gesondertem Autodeck, 800 Passagiere, davon 56 in Kabinen

Mit der neuen SASSNITZ setzte die DR erstmals eine Personenhauptfähre ein, die nicht auf der Rostocker Neptunwerft gebaut wurde. Nach Unterzeichnung des Bauvertrages mit der Danyard A/S in Aalborg am 7. April 1987 und dem Stapellauf am 24. Juni 1988 wurde der Rumpf nach Frederikshavn geschleppt, um dort fertig-

gebaut zu werden, da der Werftbetrieb in Aalborg eingestellt wurde. Am 11. März 1989 konnte das neue Flaggschiff der DR in Saßnitz in Dienst gestellt werden.

Das Fährschiff besitzt ein fünfgleisiges Eisenbahndeck mit einem Hängedeck für Pkw sowie ein darüberliegendes Lkw-Deck mit einer Höhe von 4,5 m.

Den Passagieren steht ein Deck mit Restaurant, Konferenzräumen und anderen Serviceeinrichtungen zur Verfügung. Die Passagierkabinen befinden sich unterhalb des Eisenbahndecks.

Die SASSNITZ wird von vier Dieselmotoren vom Typ 12 VD 48/42 AL-2 aus DDR-Produktion angetrieben, die paarweise je einen Verstellpropeller antreiben.
Zur besseren Manövrierfähigkeit im Hafen besitzt die Fähre zwei Bugstrahlruder mit je 1400 kW, einen achtern angebrachten Rotor sowie ein Bugruder. Sämtliche Manöver und Funktionen können von der Brücke gesteuert werden.

Seit dem 19. März 1989 ist die SASSNITZ planmäßig auf der „Königslinie" eingesetzt.

Foto: Foerster

Abkürzungsverzeichnis

Literaturverzeichnis

Breite	– Breite über Scheuerleiste
BRT	– Bruttoregistertonne/n
GT	– gross tonnage
tdw	– ton deadweight (Tragfähigkeit)
NRT	– Nettoregistertonne/n
NT	– netto tonnage
PS	– Pferdestärke
kW	– Kilowatt
kn	– Knoten (1 kn = 1 sm/h)
sm	– Seemeile (1 sm = 1 852 m)

Alström, A.: Tågfärjor. – In: Sveriges järnvägar Hundra år. – Stockholm, 1956. – S. 346–350

Bell, P.; Olesen, M. N.: Sterebæltsoverfarten i 100 år. – Stockholm, 1983

BI-Taschenlexikon Schiffbau – Schiffahrt. – Leipzig, 1979

Deutsche Eisenbahnen 1835–1985. – Berlin, 1985

DR-Information Güterverkehr. – Ministerium für Verkehrswesen der DDR – Tarifamt. – Berlin (1980) 2, (1981) 1, (1981) 2

DR-Information Reiseverkehr. – Ministerium für Verkehrswesen der DDR – Tarifamt. – Berlin (1978) 1, (1981) 1

Dopatka, R.; Perepeczko, A.: Das Buch vom Schiff – Technik der Seeschiffe in Wort und Bild. – Berlin, 1972

Fasta Öresundsförbindelsen. – In: Statens offentliga utredningar 1987. – Stockholm, 1987. – S. 6–67

Fromme, H.: Fähren werden die Kapazität der Ostsee-Linien verdoppeln. – In: Lloyd's List. – London (1985) 8. – S. 6

Georgson, L.-O.: 1909–1984 Trelleborg–Sassnitz 75 år. – Malmö, 1984

Hader-Maier: Eisenbahnfähren der Welt. – Herford, 1986

Hansa: Zentralorgan für Schiffahrt, Schiffbau, Hafen. – Hamburg, 1980–1989

Henschke, W.: Schiffbautechnisches Handbuch. – Berlin, 1964

Jahrbuch der Schiffahrt, Berlin 1961–1986

Kramer, E.: Die Entwicklung des Verkehrswesens der DDR. – Berlin, 1978

Kramer, W.; Kramer, R.; Foerster, H.-D.: Die Schiffe der »Königslinie«. – Rostock, 1981

Lüsch, J.; Biebig, P.; Schönknecht, R.: Das Buch vom Hafen. – Berlin, 1981

Neuman, M.; Strobel, D.: Vom Kutter zum Containerschiff. – Berlin, 1981

Nordisk statistik årsbok. – Stockholm, o. J.

Pfafferott, K.: Die Brücke über die Ostsee. – Rostock, 1987

Pohjanpalo, J.: Finnische Schiffe auf sieben Weltmeeren. – Helsinki, 1964

Pressott: „Svea" zugeschnitten auf die Bedürfnisse des Passagiermarktes der Ostsee. – In: Lloyd's List. – London (1985) 5. – S. 4

Riedel, G.: Größtes Fährschiff für längste Eisenbahnfährlinie Railship II. – In: Transport und Lager. – Bonn 34 (1985) 1/2. – S. 28–30

Samtrafik med utlandet. – In: Statens järnvägar 1906–1931. – Stockholm, 1931. – S. 739–773

Schiffe und Schiffahrt von Morgen. – Berlin, 1984

Schiff & Hafen: Zeitschrift für Schiffahrt, maritime Technik und Wirtschaft. – Hamburg, 1980–1989

Seeschiffahrt: Fachzeitschrift für Schiffahrt, Schiffbau, Seefischerei, Meerestechnik. – Berlin, 1970–1988

Sjöberg, A.: Tågfärjetrafiken. – In: Sveriges järnvägar Hundra år. – Stockholm, 1956. – S. 346–350

Welin, G.: Ångfärjeförbindelsen Malmö – Köpenhamn. – In: Statens järnvägar 1905–1906. – Stockholm, 1906. – S. 339 bis 352

Westphal, G.: Lexikon der Schiffahrt. – Hamburg, 1981

Verzeichnis der Schiffsnamen